그대 행복한 날들을 위해

남동일
슈퍼리치의 습관에 부침
이외수 [인]

_____ 님

슈퍼리치의 성공 습관과 꿈을 나누어 드립니다.
소중한 꿈 꼭 이루세요!

_____ 드림

슈퍼리치의 습관

슈퍼리치의
SUPER RICH
습관

• 신동일 지음 •

살림Biz

프롤로그

습관을 바꾸면
누구나 슈퍼리치가 될 수 있다

꽤 많은 사람이 100억 이상의 자산을 가진 슈퍼리치를 꿈꾼다. 그 이유는 우리 모두 다 잘 알고 있다. 돈이 인생의 전부는 아니지만, 없으면 불편하기 때문이다. 하고 싶은 일도 못하고 먹고 싶은 것도 맘껏 먹지 못한다. 당연히 누구나 한 번쯤 상상 속에서라도 슈퍼리치의 꿈을 꾸게 된다.

 나는 슈퍼리치를 꿈꾼다는 사람들을 만날 때마다 무엇 때문에 슈퍼리치가 되고 싶으냐고 조심스레 물어본다. 대다수의 사람들은 '경제적인 자유' 때문이라고 답했다. 너무 가난해서 돈에 한이 맺힌 것도 아니었고 남들에게 군림하며 떵떵거리고 싶어서도 아니었다. 바로 자유롭고 싶어서였다.

대한민국 대다수 직장인들의 마음속을 헤집어보면 그들은 늘 '불안'에 휩싸여 있었다. 특히 30~40대 가장들은 좀 심하게 말하면 뇌혈관이 터질 것 같은 스트레스에 시달리며 간신히 직장생활을 유지하고 있다고 말해도 과언이 아니었다. 까다로운 상사, 동료·후배와의 경쟁, 속을 뒤집어놓는 진상 고객들 때문에 하루에도 몇 번씩 사표를 써서 품에 넣어보지만, 한창 돈 들어갈 일 투성이인 집안 경제를 생각하며 소주 한 잔 털어 넣고 다음 날 다시 회사로 향한다.

그러나 그것도 40대 중반까지일 뿐, 대다수의 월급쟁이들은 40대 중반을 넘어서면 정든 회사를 그만두어야 한다. 삼성전자의 평균 근속 연수가 7년이라는 이야기가 화제가 된 적이 있다. 28세에 입사하면 35세에는 그만둬야 한다는 이야기다. 가장 힘 좋고 일 잘하는 시기를 회사에 온전히 바치고, 조금이라도 지치고 힘이 빠지면 여지없이 내쳐지는 게 우리 월급쟁이들 신세다. 그러다 보니 한 살이라도 젊었을 때 큰돈을 벌어 평생 돈 걱정 없이 사는 꿈을 꿀 수밖에 없다.

'불안'으로부터 벗어나고 싶어 '경제적 자유'를 추구하는 한편, 자아실현을 위해서도 '경제적 자유'를 얻고 싶어 한다. 한마디로 말하면 내가 원하는 일, 아침에 일어나면 빨리 일터로 나가고 싶어 몸이 근질근질한 그런 일을 하며 살기 위해서 슈퍼리치를 꿈꾼다는 말이다. 불행하게도 우리는 더 좋은 직장, 더 안정된 직업을 위해 초중고 시절을 보내고, 대학시절도 스펙을 쌓기 위해 부질없이 흘려보낸다. 바늘 틈 같은 취업전쟁을 뚫고 간신히 들어간 회사에서는 일이 적성에 맞는지, 열정을 바칠 만큼 매력적인지 살필 겨를도 없이 앞만 보고 달린다. 그러다 어느 날 가슴 한가운데가 뻥 뚫린 것 같은 공허를 만나게 된다. 나는 무엇을 위해 이렇게 달려왔나, 나는 무엇을 위해 사나, 내 인생의 의미는 무엇인가······. 그래서 사람들은 하루라도 빨리 경제적인 위협으로부터 자유로워지고 싶어 한다. 돈이 안 되더라도 가슴 뛰는 일을 하며 살고 싶어서 말이다. 우리는 그렇게 슈퍼리치를 꿈꾼다.

　사람들은 내게 묻는다, 어떻게 하면 슈퍼리치가 될 수 있느냐고. 내 직업이 PB(고액자산관리전문가)이기 때문이다. 직업의 특성상 일반인은 쉽게 만날 수 없는 슈퍼리치들을 꽤 여럿 만날 수 있으니 잘 알 것 아니냐는 거다. 사실 그래서 이 책을 집필했다.
　사람들의 기대대로 나는 슈퍼리치들을 많이 만났고 그들이 성공한 이야기를 들었으며 늘 그들의 가르침을 귀담아들어 왔다. 나 역시 하루라도 빨리 슈퍼리치의 대열에 들어서고 싶은 강렬한 열망이 있기 때문이다. 그 결과로 나온 책이 전작인 『한국의 슈퍼리치』다. 그런데 많은 독자들은 '슈퍼리치'들이 가진 '또 다른 무엇'을 요청했다. '어떻게 하면 슈퍼리치가 될 수 있는지' 그 노하우를 알려달라는 것이었다.

내가 고액자산가의 자산을 관리하면서 느낀 것은 단 한 가지다. 100억 슈퍼리치와 일반인의 차이는 바로 '습관의 차이'라는 것이다. 그것도 종이 한 장 차이다.

습관의 사전적 정의를 살펴보면 '여러 번 되풀이함으로써 저절로 익고 굳어진 행동' '치우쳐서 고치기 어렵게 된 성질' '학습된 행위가 되풀이되어 생기는 고정된 반응 양식' 등으로 적혀 있다. 한마디로 어떤 행동 자체가 오랫동안 반복되다 보면 무의식적으로 반응하는 습관이 된다는 것이다. 슈퍼리치는 바로 '성공하는 습관'이 몸에 밴 사람이다. 나는 그렇게 본다. 내가 만나본 슈퍼리치들은 남들보다 뛰어나게 공부를 잘하는 것도, 엄청나게 체력이 좋은 것도, 계산이 무시무시하게 빠른 것도 아니었다. 다만 정말 돈을 벌 수밖에 없는 행동을 지속적으로 할 수 있는 사람들이었다.

세계적인 역도선수인 장미란, 그녀의 하루 훈련량을 누적 합산해보니 5만 킬로그램이었다. 100킬로그램짜리 바벨을 500번 들어올려야 5만 킬로그램이 된다. 일반인은 감히 상상도 할 수 없는 무게다. 그러나 진짜 대단한 것은 5만 킬로그램이란 하루 훈련량이 아니라 17년 동안 하루도 빠짐없이 바벨을 들어올렸다는 것이다. 어쩌면 아주 독하게 마음먹고 하루에 5만 킬로그램을 들어올리는 것은 가능할지 모른다. 그러나 그걸 17년 동안 해왔다는 건 독보적이다. 그녀의 비결은 거기에 있다.

내가 만난 슈퍼리치들도 마찬가지다. 그중 한 분은 나와 식당에 들어가면 매번 객단가와 회전률을 조사하는 습관이 있었다. 칼국수 집에 들어가면 '테이블 수가 20개고, 테이블당 의자가 4개씩이니 평균 3그릇씩 잡고 한 번 회전에 60그릇, 한 그릇에 7,000원이니 42만 원, 점심시간에 몇 번이나 회전이 되려나?' 이런 식이다. 내가 5년 동안 1달에 한두 차례씩 만났는데, 그때마다 한결같았다. 그걸 내가 따라 해보려고 시도했지만, 처음 한두 번만 될 뿐 급한 용무가 있거나 마음이 바쁠 때면 허겁지겁 밥만 먹고 나올 때가 많았다. 중요한 건 아는 게 아니라 몸에 새기는 것이었다. 바로 '습관'이 슈퍼리치의 비결인 이유다.

옛말 중에 틀린 말은 거의 없다. "세 살 버릇이 여든 간다."는 말도 그렇다. 어릴 적부터 성공하는 습관을 몸에 새겼다면 그 사람은 자연스럽게 성공하고 슈퍼리치의 길을 갈 것이다.

그렇다면 슈퍼리치가 되는 좋은 습관은 어디서 배워야 할까?

당연히 슈퍼리치가 된 사람들이다. 그들의 일거수일투족을 관찰하고 그들의 좋은 습관을 추출해서 그걸 익히고 몸에 습관으로 붙이는 것이 필수다. 이 책에 담은 것이 바로 그런 '슈퍼리치들의 습관'이다.

VVIP의 자산을 관리하면서 그들을 가장 가까이에서 지켜볼 수 있었고, 조금 마음을 터놓을 수 있게 되면서 적극적으로 취재도 할 수 있었다. 그렇게 해서 그들의 아주 사소한 습관까지 디테일하게 추출했다. 그들의 핵심 성공습관을 내 것으로 익힐 수 있다면, 우리는 좀 더 손쉽게 슈퍼리치의 길로 갈 수 있을 것이다.

여기서 한 가지 당부드릴 말씀이 있다. 이 책을 읽기 전에 여러분의 마음을 긍정적으로 바꾸어달라는 것이다. 슈퍼리치 한 분은 이런 말씀을 하셨다.

"골프를 잘 치려면 내가 치려는 방향으로 마음속에서 일직선을 죽 긋는 거야. 그리고 내가 치는 공은 그리로 갈 거라고 아주 단단히 믿어. 그러고서 치면 십중팔구는 그 마음속의 길을 따라 공이 날아가지."

대다수의 슈퍼리치가 이렇게 마음속의 길을 그리는 습관을 가지고 있다. 그들은 철저히 비관적인 낙관주의자였다. 현실에서 어떤 리스크가 어디에 잠재해 있는지 꼼꼼하게 살피지만 전체적인 방향에서는 늘 긍정적이고 자신의 행동에 대한 결과를 100퍼센트 신뢰했다. 여러분도 이 책을 읽을 때 긍정적이고 낙관적인 마음으로 읽었으면 한다. 긍정적인 마음으로 제대로 성공한 슈퍼리치의 습관을 따라 하겠다는 마음을 가진다면 그만큼 빠르게 좋은 습관을 익히게 될 것이다.

자, 이제 어릴 때 처음으로 자전거 타는 법을 배웠을 때를 떠올려보자. 처음에는 균형을 못 잡고 여러 번 넘어지지만 결국 여러분은 두발 자전거를 타는 데 성공한다. 부모님이나 친구들이 뒤에서 밀어주며 잡아준 기억도 날 것이다. 이 책을 그런 부모님과 친구들의 도움으로 생각하자. 넘어지고 일어나서 타기를 반복해보자. 그러다 보면 어느 순간 자전거가 잘 달리는 것 같다. 갑자기 이상한 생각이 들어 뒤에서 밀어주던 사람을 부르면 대답이 없다. 돌아보면 혼자다. 스스로 멋지게 자전거 페달을 밟고 달리고 있는 것이다. 바로 이런 순간이 온다. 슈퍼리치들의 좋은 습관이 어느 순간 내 몸에 달라붙어 체화되었을 때, 우리는 자신도 모르는 사이에 성공으로 가는 가장 빠른 길을 달리게 되는 것이다.

무엇보다 지금부터라도 슈퍼리치의 습관을 한 가지씩 실천해나가자. 그러다 보면 낙숫물이 주춧돌에 구멍을 내듯, 5년 뒤, 10년 뒤에는 어느덧 달라져 있는 자신을 발견할 것이다. 이 책이 그런 기적을 만들어주기를 기원한다.

2012년 안암동에서

. . .

이 책은 공진표 팀장이라는 가상의 인물이 그가 만난 슈퍼리치들에 대해 이야기하는 소설 형식이다. 공 팀장은 필자의 분신과도 같은 인물이고 그가 만난 슈퍼리치들도 다 필자가 만난 슈퍼리치들의 분신이나 다름없다. 다만 슈퍼리치들은 그들의 본명과 자산규모, 행동반경 등이 세상에 알려지는 것을 극도로 꺼리기 때문에 필자가 책에 언급할 때는 익명으로 할 것을 약속한 뒤에야 취재할 수 있었고, 그 약속을 지키기 위해 허구적 장치를 활용하게 되었음을 밝힌다. 독자 여러분의 양해를 구한다.

차례

프롤로그 습관을 바꾸면 누구나 슈퍼리치가 될 수 있다 _4

제1장 슈퍼리치를 카피하기로 마음먹다 _17

제2장 슈퍼리치의 습관을 훔치다 _29

농부가 된 김정태 행장님의 습관
불필요한 일은 버리고 원순에 집중하라 _31

최단기간 100억 부자 반열에 오른 조태규 사장님의 습관 ①
꿈을 매일 꺼내보라 _35

최단기간 100억 부자 반열에 오른 조태규 사장님의 습관 ②
원가를 분석하라 _38

최단기간 100억 부자 반열에 오른 조태규 사장님의 습관 ③
발생 가능한 문제점 100가지를 가정하라 _41

최단기간 100억 부자 반열에 오른 조태규 사장님의 습관 ④
끊임없이 질문하고 작은 성공부터 시작하라 _44

수천억대 재산을 모은 김형석 회장님의 습관 ①
신뢰는 생명이다, 약속시간 15분 전에 도착하라 _49

수천억대 재산을 모은 김형석 회장님의 습관 ②
분 단위로 시간을 쪼개라 _54

수천억대 재산을 모은 김형석 회장님의 습관 ③
중요도에 따라 시간을 배분하라 _58

연탄공장 배승철 사장님의 습관 ①
내 영혼을 울리는 사업을 하려면 주제 파악을 하라 _61

연탄공장 배승철 사장님의 습관 ②
디테일을 챙겨라 _67

짠돌이 정삼구 사장님의 습관 ①
망설이지 말고 24시간 안에 저질러라 _71

짠돌이 정삼구 사장님의 습관 ②
쓸 때는 쓰고 아낄 때는 아껴라 _77

샐러리맨 출신 김정호 사장님의 습관 ①
먼저 베풀어라 _84

샐러리맨 출신 김정호 사장님의 습관 ②
사장 마인드로 일하라 _91

장돌뱅이 출신 류진만 사장님의 습관
일단 무조건 적어라 _96

금융투자의 달인 안영신 이사장님의 습관
돈을 1원 단위로 생각하라 _102

부동산 거부가 된 강기동 사장님의 습관 ①
남의 능력을 캐치하고 그 능력을 빌려라 _113

부동산 거부가 된 강기동 사장님의 습관 ②
일과 생활을 통제하라 _120

월세를 100평 아파트로 바꾼 장희영 사모님의 습관
모든 일에 절대 긍정하라 _126

40년 분재 외길 인생 김재경 사장님의 습관
한 번에 하나씩 처리하라 _133

제3장 슈퍼리치의 습관을 정리하다 _141

1. 슈퍼리치의 생각습관 _145

사물에 대한 접근방식이 단순하다
대중들과 정반대로 생각한다
어려운 상황에 놓였을 때 유연하게 생각한다
아이큐는 보통이다, 그러나 금융 아이큐는 비상하다
잘된 사람 말만 듣는다
말에 힘이 있다고 생각한다
안정과 자유 중에 무엇을 선택할까?
시련에 대한 내성이 강하다
바닷물을 끓이려 하지 않는다

2. 슈퍼리치의 행동습관 _168

일단 결정했다면 반드시 실행한다
계속하고 싶은 일은 기록한다
스스로 통제할 수 없는 일은 하지 않는다
기본에 충실하다
무조건 몸으로 배운다

3. 슈퍼리치의 시간관리 습관 _181

약속에 늦는 사람은 싫다, 내가 늦는 건 더 싫다
시간은 많다, 쓸데없는 데 써서 문제일 뿐
뭉치시간을 먼저, 자투리시간은 그다음에
1분이라는 시간에 꼬리표를 달아라
자잘한 돈보다는 시간을 택한다

4. 슈퍼리치의 돈관리 습관 _193

돈이 나를 위해 일하게 한다
투자는 빚으로, 소비는 내 돈으로 한다
돈은 모두 똑같다
남의 것도 아낀다
절대 돈 자랑을 하지 않는다
돈 버는 일을 사랑한다

5. 슈퍼리치의 인맥관리 습관 _211

사람은 만나되 물건은 안 판다
연결을 통해 고객을 얻는다
정말 잘 듣고, 사람을 가려 돕는다
쪼들릴 땐 허세를 부리고 잘나갈 땐 겸손하다

에필로그_슈퍼리치의 100억짜리 습관 _221

제1장
슈퍼리치를 카피하기로 마음먹다

말복은 지났지만 무더위가 여전히 기승을 부리는 날씨다. 공진표 팀장은 금요일 저녁 가족과 함께 서울을 떠나 강원도 두메산골로 출발했다. 모처럼 복잡한 업무를 벗어나 부모님이 계신 곳으로 간다고 생각하니 콧노래가 절로 나왔다.

평상시보다 업무를 일찍 마치고 급하게 서둘렀는데도 형님 댁이 있는 인제에 도착하니 밤 10시였다. 부모님 계시는 객골은 아직 전기가 들어오지 않는 강원도에서도 몇 안 되는 오지이기 때문에 오늘은 초등학교 선생님인 형님댁에서 자야 한다. 공 팀장은 형님이 준비해놓은 맥주를 한 캔 마시고 잠자리에 들었다. 내일 부모님을 만날 생각하니 설렌다. 그러면서 마음 한편이 아려

온다. 전기도 들어오지 않고 민가도 없는 첩첩 산골에서 무릎마저 아프신 어머니가 고생하시는 걸 생각하면 일하다가도 늘 마음이 아팠다. 빨리 돈을 벌어 모셨으면 좋겠는데, 참 마음대로 안 된다.

다음날 눈을 뜨니 형님의 낡은 아파트 창문 사이로 아침 햇살이 스며들고 있었다. 형님은 언제 일어났는지 객골에 올라갈 준비를 하고 있다. 형님의 20년 된 갤로퍼에 올라탔다. 아스팔트로 닦인 길을 지나니 곧바로 비포장도로가 나온다. 아이들은 차가 덜컹거리며 잠깐잠깐 몸이 공중에 떠오르는 것이 즐거워 낄낄대며 재미있어했다.

꼬부라진 비포장도로를 돌자 이제는 허물어져 터만 남은 객골 분교가 보였다.

"저곳에서 이외수 선생님이 그림을 가르쳐주시기도 했지……."

형님은 미소를 지었다.

형님은 공 팀장과 9살 차이다. 이외수 선생님은 형님이 초등학교 6학년이었을 때 객골 분교에서 잠시 선생님을 하며 자신만의 묘사적 문체를 개발하고 완성했다고 한다. 그러고 보니 공 팀장도 아홉 살이 됐을 때 객골 분교가 폐교가 되면서 인제읍에 있는 초등학교로 전학 온 추억이 아련히 떠오른다. 이제는 공터로 바핀 잡풀이 무성한 운동장에는 아직도 돌배나무가 묵묵히 서 있다. 35년 전, 전교생이라야 5명이 전부였던 객골 분교에서 숨바꼭질 하던 추억에 공 팀장은 잠시 추억에 잠겼다.

"이외수 선생님처럼 자신의 분야에서 최고가 돼야지."

공 팀장은 마음속으로 다짐했다.

한 40분 남짓 달리자 숲 속에 가려진 낡은 슬레이트 지붕이 저 멀리에서 보였다. 병풍처럼 둘러싸인 산속에 민가라고는 공 팀장 부모님 댁뿐이다.

형님이 미리 알려놓으셨는지 어머니와 아버지는 밭에서 상추와 깻잎을 따서 웰빙 밥상을 차려놓으셨다. 공 팀장은 부모님의 모습을 뵈니 너무 반가웠지만 부모님 얼굴의 주름이 더 깊어지고 몰라보게 나이가 든 모습에 기분이 울적해졌다. 30대 후반이셨던 아버지가 화전을 일구러 들어온 객골 생활, 그게 벌써 40년이 흘렀다. 당시에는 그래도 30호 가까운 민가가 있었지만 지금은 다 떠나고 한 집만 남았다. 그게 공 팀장 부모님 댁이다.

공 팀장은 1년에 한두 번 부모님을 찾는다. 서울에서 강원도 객골까지는 200킬로미터 안팎의 거리지만, 막상 부모님을 찾아뵙기는 생각처럼 쉽지 않다. 맏아이가 중학교에 들어가니 토요일조차 시간을 내기가 점점 더 어려워졌다.

공 팀장은 24년 차 은행원이다. 시골에서 고등학교를 졸업하고 곧바로 은행에 입사하는 것은 쉽지 않은 일이었다. 공 팀장은 은행에 들어가기 위해 학교 다닐 때 정말 죽기 살기로 공부했고, 상고를 거의 수석으로 졸업하며 입사한 은행에서 정말 최선을 다했다. 나름대로 서울에서 기반을 잡기 위해 이리 뛰고 저리 뛰었다. 허리띠를 졸라매고 발버둥 쳤다. 작은 아파트 한 채를 장만하고 얼마 전엔 주택담보대출도 간신히 다 갚았다. 그러는데 딱 24년이 걸렸다. 나이는 40대 중반이 되었고 맏딸은 이제 중학생이 되었다.

언제 마당에 숯불을 놓았는지 삼겹살 굽는 냄새가 기가 막혔다.
"자, 따뜻할 때 먹자."

형님이 이마에 땀을 닦으며 잘 익은 삼겹살을 접시에 담아왔다. 마당에 자리를 펴고, 밭에서 갓 따온 상추로 쌈을 싸 두 딸의 입속에 한입씩 가득 넣어줬다. 그러자 아이들은 마파람에 게 눈 감추듯 삼겹살을 입에 넣기 바빴다. 생각해보니 서울에서는 웬만큼 큰마음을 먹지 않으면 온 가족이 외식 한번 하기가 어려웠다. 아파트 대출금 갚으랴, 종잣돈 모으랴 주머니 사정만큼이나 마음속이 번잡했다. 호기로울 수가 없었다.

삼겹살을 맛나게 먹고 온 가족이 둘러앉아 시원한 수박을 먹었다. 언뜻언뜻 스쳐 지나가는 바람이 시원하다.

공 팀장의 아버지는 30대 중반 대구에서 강원도로 올라왔다. 당시 낙하산 양말 장사가 잘된다는 소문에 집안의 유일한 재산인 자그마한 논은 큰할아버지께 양보하고 보따리 장사를 시작했다. 그러다 푸른 초원에 목장을 하고 싶으셨던 아버지는 강원도 구석구석을 다니며 종잣돈을 모아 이곳 객골로 들어오셨다 한다. 하지만 평평한 밭은 이미 임자가 있어 부모님은 마을 맨 위쪽 산비탈에 화전을 일구어 텃밭을 만드셨다. 그날부터 양계장, 특용작물 등 이것저것 손을 내며 열심히 일했시만 갓 태어난 둘째 누나와 식구들 세끼 먹기도 빠듯했다. 시내까지 30리가 넘는 길을 사흘이 멀다 하고 닭 사료 사러, 시장에 닭을 내다 팔러 걸어서 오가야 했다. 고단한 나날들이었다.

이러저러하게 흘러가는 동안 아버지는 늙었고 어느 때라고 짚어 말할 수 없을 때 꿈을 접었다.

"젊었을 때는 꿈이 참 많았는데, 어느 틈에 시간이 쏜살같이 흘렀어. 나이가 드니 의욕도 없어지고……. 그렇게 되더라."

여든 살을 바라보는 아버지. 그 아버지의 모습 위로 공 팀장 자신의 모습이 드리워지는 것이 보였다. 공 팀장은 자신도 모르는 사이에 고개를 저었다. 하지만 불안한 마음이 스멀스멀 피어오르는 것은 어쩔 수 없었다.

그래도 아버지 시대는 좋은 시절이었는지 모른다. 지금은 어느 세대고 할 것 없이 막막하다. 2년 전 건설사를 명퇴했다던 직장 동료의 친척 아저씨. 퇴직금과 주택담보대출로 2억 원을 들여 서울의 어느 오피스텔 거리에 15평짜리 커피 전문점을 차렸다 한다. 하지만 옆 건물에만 두 곳의 카페가 있어 경쟁이 극심했고, 하는 수없이 테이크아웃 커피 값을 1,000원대로 내렸다. 그럼에도 불구하고 하루 14시간을 정신없이 일해도 아르바이트생 인건비를 주고 나면 적자였다. 게다가 건물주는 호시탐탐 임대료를 올릴 기세였다.

신문에서는 매해 76만 개의 가게가 생겨나고 딱 그만큼의 가게가 망한다고 했다. 명퇴를 했든 은퇴를 했든 회사를 그만두고 할 일이 없게 되는 거다. 공 팀장은 갑자기 오한이 밀려왔다. 4~5억 원을 들여 번듯한 커피 전문점을 차렸다가 망하면 1~2억 원 들여서 한식집을 차리고, 그것마저 망하면 분식집을 차리는 '계단식 몰락'이 남의 일이라고 말할 처지가 아니었기 때문이다. 벌써 공 팀장도 40대 중반이다. 외환위기와 금융위기는 운 좋게 잘 넘겼지만 훨씬 극심한 불경기가 닥쳐올 것이라는 경고가 계속 매스컴에서는 이어지고 있다. 평생직장은 꿈도 꿀 수 없다.

「한국경제」 2012년 10월 9일자, '자영업, 전쟁은 시작됐다' 기사 참고)

"진표야, 난 너희가 건강하게 잘 살아줘서 뭐 더 바랄 게 없다. 다만……."

아버지는 막걸리를 대접에 한 잔 따라주시며 말씀을 이으셨다.

"너희는 정말 하고 싶은 일을 하면서 자유롭게 살았으면 좋겠어."

그 말씀을 하시며 아버지는 먼 산을 바라보셨다. 이런 말씀은 처음이셨다. 그러나 공 팀장은 그 마음을 알 것 같았다. 이심전심이었다. 20대 초반부터 시작해서 24년간 직장생활을 해왔다. 서울에서 살아남기 위해서였다. 그러나 이대로 가면 그 끝은 너무 자명했다. 언젠가 다니던 은행에서 나와야 할 날이 온다. 명예퇴직이 되든, 아니면 운이 좋아 10여 년을 더 다니든. 그 후로도 30년을 더 살아야 한다. 그동안 두 딸의 학업도 마쳐야 하고 시집도 보내야 한다. 그러고도 내 손에 우리 부부의 노후를 지낼 돈이 남아 있을까.

아버지가 다시 막걸리를 한 모금 쭉 들이키더니 공 팀장을 향해 나지막이 말씀하셨다.

"진표 네가 부자들 돈관리 해주는 일을 맡았다고 했지?"

"네."

"그 사람들에게 잘 배워라."

"네?"

"내가 옛날에 보따리장수를 할 때, 나랑 같이 강원도를 떠돌던 친구가 있었어. 근데 그 친구는 늘 입버릇처럼 자기는 큰 부자가 될 거라고 말하곤 했어. 그래서 어느 날 내가 물었지. 어떻게 부자가 될 거냐고. 그랬더니 그 친구가 부자를 찾아가 그 사람들에게 배울 거라고 대답하더라. 만나주지 않으면 숨어서 훔쳐보면서라도 일거수일투족을 그대로 따라 할 거라고 말이야."

"……."

"그리고 40년 정도 지났을 때인가 우연히 신문에서 그 친구의 사진을 봤어. 튼실한 기업을 운영한다는 인터뷰 기사까지 났더구나. 믿을 수가 없어 다시 꼼꼼히 살펴보니 역시 그 친구였어. 그 인터뷰에서도 같은 말을 했으니까."

"부자를 찾아가 그 사람들에게 배울 거라고요?"

"그래. 그 기사를 보니 그 친구는 부자를 만나는 게 제일 어려웠다고 하더구나. 오히려 부자들의 일거수일투족을 따라 하는 건 어렵지 않았는데 말이다."

"……."

"마흔 넷, 내가 네 나이 때는 뭔가 시작하기엔 늦은 나이라고 생각했는데……. 지금 내 나이가 되어 보니 뭐든 할 수 있는 이른 나이였어……. 너무 늦었구나. 이제 그만 들어가서 자자."

잠자리에 드러누운 공 팀장은 쉽게 잠들 수 없었다.

'마흔 넷……. 뭐든 할 수 있는 이른 나이…….'

PB 팀장으로 발령 나면서부터 늘 머릿속을 맴돌던 생각이 정리되는 느낌이었다.

'부자를 찾아가 그 사람에게 배운다. 만나주지 않으면 숨어서 훔쳐보면서라도 일거수일투족을 그대로 따라 할 거다. 그 방법으로 튼실한 기업을 운영하는 성공한 CEO가 되었다는 아버지의 친구. 그래, 그거다. 내가 만나는 100억대 슈퍼리치를 공부하는 것, 그리고 그들을 그대로 '카피'하는 것, 거기서부터 시작하는 거다.'

나이는 사람에게 지혜를 가져다준다고 했던가. 어느덧 인생의 현자가 된 아버지가 깨우쳐주셨다. 마흔 살은 뭐든 할 수 있는 이른 나이라는 것을. 그리고 나는 만나는 게 제일 어렵다는 부자 중에서도 최상급의 슈퍼리치들과 매일 만나는 행운을 가졌다는 것을.

공 팀장은 그들을 해부해보기로 했다. 그리고 그들을 카피하기로 했다.

그러자 두근두근, 가슴이 뛰었다.

제2장
슈퍼리치의 습관을 훔치다

농부가 된 김정태 행장님의 습관
불필요한 일은 버리고 원순에 집중하라

흐린 날씨지만, 점심 무렵 집을 나섰다. 일산으로 향하는 길이다. 김정태 전 은행장님을 만날 약속을 잡았기 때문이다. 업무상 만나는 슈퍼리치들을 해부하고 카피하기로 마음먹고 처음 만나는 분이다.

오후 2시쯤 행장님의 농장에 도착했다. 휴대전화로 전화하니 행장님이 비닐하우스에서 일하시다 마중을 나오셨다. 챙이 넓은 밀짚모자를 쓰고, 목에 두른 수건으로 땀을 닦으며 걸어오시는 모습이 영락없는 농부다.

"고생스럽게 이런 곳까지 뭐하러 찾아왔어."

행장님은 이마의 땀을 훔치시며 미소 지었다.

"우선 수박 좀 먹고, 이왕 온 거 농사일 좀 거들어."

수박을 다 먹고 나자 행장님이 호미자루 하나를 내밀며 따라오라고 하셨다. 집 앞에 상추며 오이며 각종 채소를 심어놓았는데 밭 입구와 도랑에 잡풀이 무성했다. 농부의 아들로 태어났지만 호미를 잡아보는 건 10년 만인 것 같다.

오후 2시의 태양 아래서 풀을 뽑는 일은 만만치 않았다. 얼마 안 가서 머리가 어지럽고 온몸에 땀이 흥건했다.

"농사일을 해본 모양이네. 김매는 솜씨가 있어. 자, 조금 쉬다 하지."

행장님은 비닐하우스 옆 평상에 앉으며 말씀하셨다. 사모님이 시원한 맥주를 내오셨다.

나는 땀을 식히며 행장님께 내 생각을 말씀드렸다. 시골 부모님 댁에서 느낀 내 불안과 소망, 그리고 슈퍼리치를 해부해서 그들의 노하우를 내 것으로 만들겠다는 계획까지……. 내 이야기를 다 들으신 행장님은 미소를 지으시더니 갑자기 나를 비닐하우스 안으로 데려가셨다.

"여기 오이 가지 사이를 보게. 이게 원순이라는 거야. 원순은 계속 키워야 하지만 곁순이나 곁가지는 계속 솎아줘야 해. 그러지 않으면 잎만 무성할 뿐 오이가 많이 열리지 않지. 오이 잎 하나에 오이 하나. 이렇게 계속 곁순을 솎아주며 원순을 키워가면 40미터까지도 자라게 할 수 있지. 사람 일도 마찬가지 아니겠나. 원순처럼 중요한 일에 집중해야 하지. 곁순이나 잔가지같이 중요하지 않은 일에 에너지를 낭비하면 정작 중요한 일에는 힘을 다하지 못해."

행장님은 그렇게 말씀하시고 수건으로 바지를 털며 일어나서 밭으로 향했다. 어느새 오셨는지 사모님이 곁에 서서 한마디 거드셨다.

"행장님이 원체 부지런한 분이세요. 그리고 저분은 마음먹은 일에 늘 집중하시죠. 농사일을 시작하고서는 아침부터 저녁까지 밭에서 살다시피 하시네요."

그 말씀을 듣는 순간 이용찬 전 리앤디디비 대표의 이야기가 머릿속에 떠올랐다. 그가 클라이언트들 앞에서 광고 시안을 설명하자 회장님이 불만을 늘어놓았다고 한다. 이것도 넣고 저것도 넣어 달라는 전형적인 요구였다. 그러자 이 대표는 기다렸다는 듯이 주머니에서 공 다섯 개를 꺼내며 말했다.

"잡아보시죠."

이 대표는 회장님께 공 다섯 개를 한꺼번에 던졌고, 회장님은 한 개도 받지 못했다. 시안을 발표하는 자리에 있던 회의석상의

간부들은 좌불안석이었다. 그때 이 대표는 차분히 주머니에서 공 한 개를 꺼내 회장님께 던졌다. 회장님이 가뿐히 공을 잡는 순간, 이 대표가 말했다.

"고객도 마찬가지입니다. 한 번에 하나씩만 받아들이죠."

인간의 인지능력은 한꺼번에 여러 정보를 받아들일 수 없다는 것을 멋진 퍼포먼스로 보여준 것인데, 행장님의 말씀을 들으니 퍼뜩 생각났다.

내가 만난 슈퍼리치들은 우직하리만치 자기 일에 집중하는 사람들이었다. 여러 개의 공을 한꺼번에 받을 수 있는 사람은 없다. 내게 정말 중요한 것, 내 삶에서 중요한 것이 무엇인지 알아채고 그것을 이루기 위해 집중하는 것, 어쩌면 그게 슈퍼리치들의 습관이라는 생각이 들었다.

최단기간 100억 부자 반열에 오른 조태규 사장님의 습관 ①
꿈을 매일 꺼내보라

"미국 구석구석을 여행하는 게 꿈이었어요. 저는 고등학생일 때부터 그 꿈을 거의 매일 떠올리고, 또 떠올리곤 했죠."

큰 키에 검은색 안경을 즐겨 쓰는 조태규 사장님의 말이다. 중국으로 어학연수를 갔던 21세부터 사업에 뛰어들었던 조 사장님은 중국과 한국을 오가며 보따리 장사를 시작한 지 6개월 만에 미국을 여행할 수 있는 몇천만 원의 돈이 모이자 미련 없이 사업을 그만두고 미국으로 건너갔다. 비바람 속에서도, 허허벌판에서도 그는 텐트 하나만으로 버텼고, 햄버거 한 개로 이틀을 버틸 만큼 고생했지만 그만큼 즐거웠다고 했다.

"힘들 때마다 제가 이룰 수 있는 꿈들을 떠올려봤어요. 종잣돈

1억 원이 모이는 순간을 떠올렸고요. 언제나 내 사업이 성공가도를 달리는 모습을 머릿속에 그려보았어요. 엄청나게 비싸고 멋진 스포츠카를 타고 탁 트인 고속도로를 달리는 상상도 했죠. 힘들고 지칠 때마다 꿈을 꺼내서 마치 구두를 닦는 것처럼 닦았어요. 그게 얼마나 고달픈 현실을 잊게 해주는지 모릅니다."

그렇다. 사람들은 누구나 꿈을 꾼다. 로또에 당첨되는 허황한 꿈도 꾸고, 1년 뒤, 5년 뒤, 10년 뒤의 내 모습에 대해 아주 현실적으로 계획한 꿈을 꾸기도 한다. 간혹 어떤 사람들은 보다 상세하고 디테일하게 꿈을 꾸고 그것을 기록해놓기도 한다. 그러나 매일같이 힘들 때마다 자신의 꿈을 끄집어내 상기하고, 스스로 동기를 부여하는 사람은 드물다. 하지만 슈퍼리치들은 늘 자신의 꿈을 상기하고 또 상기한다. 꿈을 리마인드하는 것이다. 그 꿈으로 현실의 고통을 뛰어넘는다.

"사람들이 자신의 꿈을 얼마나 자주 잊어버리는지 아세요? 실험해보세요. 오늘 집에 가서 노트에다 꿈을 죽 적어보세요. 그리고 1년 뒤에 다시 펼쳐보세요. 내가 정말 이런 꿈을 꿨던가? 그러면서 깜짝 놀랄 거예요. 그런데 그런 꿈은 절대 안 이루어져요. 정말이에요. 제가 경험해보니 매일 리마인드한 꿈만 이루어지더군요. 단언컨대 그 꿈 없이는 하루도 못살겠다 싶은 꿈은 반드시 이루어져요. 제가 보장합니다."

공 팀장이 만난 고객 중 가장 최단기간에 100억대 슈퍼리치의 반열에 오른 조 사장님의 말이라면 믿을 수 있을 것 같다. 그는 20대 초반에 사업을 시작하여 20대 중반에 홀로 중국 광저우로 건너가 신발뿐만 아니라 벨트, 지갑, 보세, 잡화 등 안 해본 게 없는 사업가니까 말이다.

"꿈은 꺼내보라고 꾸는 겁니다. 꿈을 매일 꺼내보는 습관을 들이세요. 시간을 10년 전으로 돌린다고 해도 전 자신 있어요. 저는 하루하루를 정말 치열하게 살았습니다. 이제 제 꿈은 UN에 가입된 193개국 모두를 여행해보는 겁니다."

공 팀장은 그의 꿈이 반드시 이뤄지리라 생각한다. 그는 지금껏 늘 생생하게 꿈꾸고 그것을 늘 꺼내보며 마침내 그가 꿈꿨던 것을 이루어냈기 때문이다.

최단기간 100억 부자 반열에 오른 조태규 사장님의 습관 ②
원가를 분석하라

장사이든 사업이든 많이 파는 것도 중요하지만 그보다 더 중요한 것은 이익이다. 300원에 산 물건을 200원에 판다면, 팔면 팔수록 손해가 늘어난다. 그걸 모르는 사람이 누가 있느냐고 하겠지만, 막상 장사나 사업에 뛰어든 사람 중에는 원가가 얼마인지조차 모르는 사람이 꽤 많다. 칼국수 하나를 팔더라도, 그 칼국수 가격에 자신의 몸값부터 시작해서 얼마의 원가를 녹여 넣어야 하는지 모르는 사람이 부지기수다.

그래서 조 사장님은 늘 '원가분석' 습관을 들이라고 말한다.

"원가분석 습관이란 이런 겁니다. 사업이란 결국 이윤을 남기는 거예요. 이윤을 남기기 위해서는 물건의 생산가격과 판매가격의 차이를 명확하게 알 수 있어야 합니다."

그러기 위해서는 모든 사물을 대할 때 계산습관이 몸에 배어 있어야 한다고 한다. 그래야 기회가 눈에 포착된다.

조 사장님이 장사를 시작하게 된 것도 그런 계산습관이 몸에 배어 있었기 때문이다. 중국 유학 중에 여자 친구가 장갑을 선물했는데 가격이 500원이었다. 계산습관이 몸에 배어 있었던 조 사장님은 똑같은 장갑이 한국에서 10배나 비싼 가격에 판매되고 있다는 것을 재빨리 알아차렸고 장갑 장사를 하기로 결심했다. 그래서 당시 부모님이 보내준 학비는 모두 장갑 장사 밑천으로 들어갔다. 조 사장님이 첫 장사를 시작한 계기였고 이후 그는 한국과 중국을 오가며 6개월 만에 1년간 미국을 여행할 수 있는 몇천만 원의 돈을 모았다고 한다.

"머릿속에서 이윤을 재빠르게 계산해낼 수 있는 습관이 몸에 배어 있어야 해요. 기회란 놈은 매우 빨리 왔다가 매우 빨리 도망가거든요. 보통 사람들에게는 가게에서 파는 가격만 머릿속에 들어 있어요. 그래서는 사업하지 못하죠. 무엇이든 생산가격과 판매가격으로 나누어봐야 합니다. 여수박람회에 가보셨나요? 올 여름 그곳에서 팔 토시를 5,000원에 3장씩 팔더군요. 제가 놀란 건 사람들이 그걸 '어? 싸네?' 하며 사요. 그거 한 장의 원가는 몇백 원이거든요. 지금부터라도 무슨 상품을 보든 생산가격이 얼마인지 생각해보고 알아보는 습관을 들이는 게 좋아요."

그러고 보니 예전에 친한 친구 녀석이 자동판매기의 커피를 마시며 이 커피의 원가가 몇십 원 수준이라고 말했던 것이 기억났다. 그 친구 녀석은 지금 일산에서 장사로 꽤 성공했다. 슈퍼리치의 습관인 원가분석 습관을 본능적으로 터득한 것이었다. 내가 이제야 깨달은 사실을 친구 녀석은 진작 깨닫고 있었다고 생각을 하니 조금은 그 친구가 부러워졌다. 하지만 늦었다고 생각할 때가 가장 빠르다고 하지 않던가. 공 팀장은 지금이라도 슈퍼리치의 습관을 내 몸에 하나하나 새겨야겠다고 다짐하고 또 다짐했다.

최단기간 100억 부자 반열에 오른 조태규 사장님의 습관 ③

발생 가능한 문제점 100가지를 가정하라

"제가 실패를 딛고 사업에 성공할 수 있었던 것은 무슨 사업을 시작하든 끊임없이 예행연습을 하는 습관 덕분이었습니다."

조 사장님은 사업이란 아무리 아이디어가 좋아도 성공확률을 50퍼센트 이상 넘기는 것이 쉽지 않다고 했다. 성공확률은 대체로 반반이란 말인데 그걸 70퍼센트 이상으로 끌어올리는 비결이 '예행연습'이라고 했다. 그 말을 듣고 공 팀장은 조 사장 앞으로 의자를 바싹 당겨 앉았다.

"알다시피 사업을 하다 보면 100가지도 넘는 돌발 상황이 발생해요. 이런 돌발 상황을 한 번이라도 머릿속에 떠올려본 사람과 그렇지 않은 사람은 천양지차예요. 돌발 상황을 생각해보지 않은 사람은 바로 '패닉' 상태에 빠지거든요."

조 사장님은 대부분의 실패가 제대로 준비를 하지 않았기 때문이라고 했다.

"생각해보세요. 퇴직금으로 치킨집을 차리는 사람들이 대부분 왜 실패할까요? 치밀하게 준비하지 않아서예요. 저는 샐러리맨들이 빈말로라도 '회사 때려치우고 장사나 할까?'라고 말하면 정말 화가 납니다. 장사는 절대 쉬운 일이 아니에요. 철저하게 준비하지 않고 뛰어들면 단 한 명의 예외도 없이 망하는 게 장사예요."

공 팀장은 고개를 끄덕였다. 언젠가 슈퍼리치 이 사장님께 들었던 이야기가 생각났다.

이 사장님은 주식투자를 예로 들면서 이렇게 말했었다.

"공 팀장, 이렇게 생각해봐. 공 팀장이 지금 당장 수원 삼성의 주전 스트라이커로 뛸 수 있겠어? 불가능하지? 주식투자도 똑같거든. 아무것도 모르고 계좌 하나 터서 10~20배의 수익을 거두는 건 불가능해. 그건 마치 메시나 호날두와 내기 축구를 하는 것이나 다름없는 거라고. 그런데 정말 많은 사람들이 축구에서는 절대 이길 수 없는 게임을, 주식에서는 이길 수 있다고 상상한단 말이야."

그랬다. 조 사장님이 공 팀장에게 말하는 것도 똑같았다. 조 사장님은 어떤 사업이든 최소 100가지 돌발 상황을 가정해서 거기에 대한 해법을 미리 준비해놓는다고 했다.

"사업에 성공하려면 집요함이 있어야 합니다. 어떤 일이 벌어졌을 때 위험을 감수하며 수습하는 것보다는 미리 발생 가능한 문제점을 1부터 100까지 가정해보는 거죠. 이렇게 미리 가정해서 해법을 준비해놓고 있을 때 성공확률이 높아져요. 대부분 사업에 실패하는 이유가 뭔가 돌발적인 문제가 발생했을 때 그걸 해결하시 못하기 때문이거든요."

공 팀장은 조 사장님의 말을 들으며 유명한 운동선수나 가수들이 경기에 나서거나 무대에 오르기 전에 많이 하는 마인드컨트롤을 떠올렸다. 머릿속에서 자신의 경기나 공연을 미리 생각해보는 것, 성공적으로 수행한 뒤 박수를 받는 자신의 모습을 그려보는 것은 그 자체만으로도 엄청난 자신감을 가져다준다고 한다. 그뿐만 아니라 머릿속에서 하나하나 짚어가다 보면 혹시 저지를 수도 있는 실수들을 미리 예방할 수 있다고 들었다. 마찬가지로 조 사장님은 머릿속에서 끊임없이 예행연습을 함으로써 혹시 발생할지도 모를 문제와 리스크들에 대비하고 있었던 것이다.

최단기간 100억 부자 반열에 오른 조태규 사장님의 습관 ④

끊임없이 질문하고
작은 성공부터 시작하라

"어느 회사의 누구를 만나든 그 조직이 살아 있는지, 그 사람이 제대로 된 직원인지 알아보려면 그가 무엇을 묻는지 보면 돼요."

조 사장님의 말에 공 팀장이 이유를 물었다.

"사업이든 일이든 잘하려면 호기심이 많아야 하거든요. 남들이 하지 않는 일, 남들이 잘 모르는 일에 기회가 있는 법인데, 그걸 알기 위해서는 끊임없이 그 분야에 의문점을 가져야 해요. 궁금한 점이 있는데 질문을 하지 않을 수는 없죠. 사업가는 자기사업을 이야기하는 것보다 남의 사업 이야기를 듣는 걸 더 좋아해야 해요. 사실 남의 이야기를 듣는 것은 힘들어요. 세상에 자기 자랑을 싫어하는 사람이 어디 있겠어요? 그래도 그럴수록 더 들어야 해요."

 공 팀장은 충분히 이해할 수 있었다. 공 팀장이 만난 슈퍼리치들은 모두 자기자랑이나 허세를 늘어놓기보다는 끊임없이 물어본다. 그들은 오랜만에 공 팀장을 만나면 요즘 주식의 시황과 새로 나온 금융상품 등에 대해 묻기 바쁘다. 공 팀장이 보기에 그들은 정말 호기심의 화신들처럼 보일 정도였다.

 "사실 사업에서 100퍼센트 완벽이란 없죠. 사업을 하다 보면 문제점이 반드시 발생하게 되어 있거든요. 그래서 일단 60퍼센트 정도가 준비되면 과감하게 실행하면서 시행착오를 쌓아가는 게 필요해요. 안 그러면 시작도 못 하니까요. 대신 처음부터 크게 성공하려는 욕심은 버려야 합니다. 큰 성공은 작은 성공이 모여서 이루어지는 것이거든요."

 한방에 성공하는 사람은 없다. 국대 떡볶이 프랜차이즈 회사의 사장인 김상현 대표는 국대 떡볶이를 만들기 전에 10년간 실패만 거듭했다고 한다. 사업 이야기만 나오면 어머니가 "입 다물어라."라고 말하실 정도였다. 그래도 포기하지 않고 대구의 한 오래된 떡볶이집의 맛을 전수받아 국대 떡볶이 1호점을 차렸는데 그게 속칭 '대박'이 난 거였다. 그러다 보니 한 사람, 두 사람 사업방식을 전수받기를 원했고 그래서 한 집 두 집 점포를 내주게 된 것인데, 어느 틈에 100곳을 넘어 150여 곳의 체인점이 만들어졌단다. 성공은 원래 이렇게 작은 성공들이 쌓여서 만들어져야지, 처음부터 큰 성공을 꿈꾸면 오히려 방탕해지기 쉽다. 공 팀장은 그런 졸부들을 숱하게 봐왔기에 조 사장의 말에 공감했다.

싸이가 '강남스타일'을 내놓았을 때 처음부터 빌보드 1위를 겨냥하지는 않았다. 국내 팬들에게 들려주기 위해 성심성의껏 만든 곡이었다. 그러다 국내 팬들이 좋아하고 더 나아가 해외의 팬들이 인정하기 시작한 것이다. 모든 성공이 그렇다. 처음부터 100억 원 수익을 목표로 뛰어드는 사람은 1개월도 못 가서 지친다. 작은 일에도 기뻐하고 한걸음 한걸음 성공을 쌓아갈 때 좋은 결과는 기적처럼, 행운처럼 오는 것이다.

공 팀장은 여러 슈퍼리치들이 공통으로 "나는 운이 좋다."라고 말했던 것이 기억났다. 그들은 작은 성공을 쌓아 올리다 보면 기적처럼 행운이 찾아온 것을 다 겪었기 때문이리라.

조 사장님은 사업을 하다 보면 '남에게 의존하고 싶은 유혹'이 끊이질 않는다고 공 팀장에게 고백하면서 절대 그러면 안 된다고 강조했다.

"남에게 의존하는 것은 편하고 쉽습니다. 그러나 한번 남에게 의존하게 되면 내가 컨트롤할 수 있는 부분이 사라집니다. 망하는 중국집의 공통점이 뭔지 아세요?"

"글쎄요."

공 팀장이 고개를 젓자 조 사장님은 말에 힘을 주며 대답했다.

"주인이 음식을 만들지 못한다는 거예요. 중국집을 차려놓고 좋은 주방장을 데려다가 1~2개월 정도 장사하고 있으면 주변에서 그 주방장을 금방 빼가요. 주방장도 주인이 자기한테 의존하고 있다는 걸 너무 잘 알기 때문에 '월급을 올려 달라.' '좀 쉬어야겠다.'라며 요구가 많아지죠. 그렇게 주방장에게 질질 끌려가다가 장사를 말아먹는 거예요. 중국집을 차리고 싶으면 주방장이 없을 때 주방을 책임질 수 있을 정도로 주인이 음식을 잘 만들어야 해요."

공 팀장은 이것을 '혼자 하는 습관'이라고 노트에 기록했다. 언젠가 500억대의 자산을 굴리는 슈퍼리치 한 분이 공 팀장에게 가르쳐준 삶의 원리가 생각났다.

"남이 건네준 성공이나 부는 남이 도로 뺏을 수 있어. 오로지 내 힘으로 이룬 부와 성공만이 뺏기지 않지."

그랬다. 만약 장사를 하고 싶다면 김밥을 만들어서 지하철 앞에 서라도 직접 팔아봐야 한다. 공 팀장이 만난 슈퍼리치 중에 자신이 직접 하지 않은 일에서 성공을 거둔 사람은 없었다. 그들은 몸으로 하는 것, 처음 해보는 것을 좋아했다. 사무실에서 펜대를 잡고 사무만 보는 회사원들과 가장 큰 차이점이 그거였다. 슈퍼리치들은 잘 못하는 것을 겁내는 대신 맨몸으로 부딪쳐보는 것을 진심으로 즐거워했던 사람들이었던 것이다. 어떻게든 혼자 해보는 습관, 조 사장님이 알려준 마지막 습관이었다.

수천억대 재산을 모은 김형석 회장님의 습관 ①

신뢰는 생명이다, 약속시간 15분 전에 도착하라

"아, 오늘도 아슬아슬한데."

이전 고객과 상담을 마치고 내려와 승용차의 시동을 걸며 공 팀장이 중얼거렸다. 김 회장님과의 약속시간은 오전 10시. 막히지만 않으면 아슬아슬하게 닿을 수 있는 시간이다. 하지만 막상 출발해서 도로로 나오자 자꾸 신호에 걸리고 차가 밀린다. 하는 수 없이 회장님께 문자를 드린다.

'회장님 죄송합니다. 차가 밀려서 10분쯤 늦을 것 같아요.'

간신히 약속장소에 도착하니 오전 10시 20분이었다. 김 회장님은 당연히 먼저 와서 웃으며 공 팀장을 맞이했다. 평양 출신의 창업주를 아버지로 둔 2대 회장이자 의류업과 케이블 방송사업으로 수천억 원대의 자산을 모은 슈퍼리치 중의 슈퍼리치다. 작은 키에 인자한 인상이다. 정도 많고 의리도 있다. 하지만 시간관리에는 누구보다 엄격한 분이다.

"오늘은 차가 좀 더 밀린 모양이구먼. 허허."

공 팀장은 고개를 들지 못했다. 그러자 김 회장님이 조금은 진지한 표정으로 말했다.

"공 팀장, 약속시간은 무척 중요해요. 내가 항상 약속시간보다 15분 전에 약속장소에 도착한다는 걸 공 팀장도 알고 있지요? 그게 다 사연이 있어요."

공 팀장은 너무 죄송한 마음이었지만 김 회장님의 사연이 궁금해졌다. 김 회장님은 자신의 젊은 시절 일화를 들려주었다.

"마흔 무렵이었을 거야. 정말 중요한 비즈니스 미팅이 있었지. 그 당시 나는 의류 OEM 사업을 하고 있었는데 반년 치 매출을 결정짓는 중요한 바이어와의 미팅이었어. 얼마나 그 미팅이 중요했는지 나는 자료를 체크하고 샘플을 챙기는 일을 미팅 직전까지도 했어. 조금이라도 더 어필하고 싶었던 거지. 그러다 그만 조금 늦게 출발한 게 사단이었어. 그날따라 비가 내리고 길이 막히더니 결국 약속장소에 15분 늦게 도착하게 된 거야. 준비는 정말 완벽하게 했지만 그 바이어가 미팅 5분 만에 자리를 박차고 나가며 그러더군. 우리는 물건을 제때 정확히 납품해줄 회사가 필요한데 약속시간조차 맞추지 못하는 당신을 신뢰할 수 없다고 말이지. 그 말을 들었을 때 내 등에서 전기가 획 지나가는 느낌이었어. 그 계약을 놓쳐서 회사가 성장할 수 있는 1년을 잃어버렸을 뿐 아니라 신뢰를 회복하기 위해 너무 많은 노력을 해야 했었지."

김 회장님은 잠시 씁쓸한 표정으로 눈을 감았다.

"그 이후로 난 언제나 약속시간보다 15분 먼저 약속장소에 도착한다네."

공 팀장은 망치로 머리를 맞은 것처럼 꼼짝할 수가 없었다. 내가 늦은 20분이 수억, 수십억, 수백억의 계약을 허사로 만들 수도 있다, 그렇게 생각하면 절대로 어떤 약속에도 늦을 수 없다. 큰 회사를 운영하는 김 회장님의 1분, 1초는 얼마나 중요한가. 그분의 시간을 20분이나 뺏었으니 회장님이 거래를 끊더라도 할 말이 없다, 그렇게 생각하자 공 팀장은 변명의 여지가 없었다. 그걸 탓하지 않고 당신의 경험을 통해 깨우쳐준 김 회장님이 고마울 뿐이었다.

"근데 그렇게 15분 먼저 약속장소에 도착하니 좋은 점이 많더라고."

김 회장님이 말을 이었다.

"15분이라는 시간이 생각보다 꽤 긴 시간이라 책을 읽을 수도 있고, 신문의 중요한 기사들을 살펴볼 수도 있지. 평상시에 연락을 잘 못했던 사람들과 짬 내서 통화도 할 수도 있고 말이야. 무엇보다 허겁지겁하지 않고 만나기 전에 마음을 정리할 수 있는 게 좋아. 공 팀장도 지금부터는 그런 버릇을 들여봐. 하하하."

공 팀장은 김 회장님의 말씀을 들으며 그가 만난 슈퍼리치들을 하나하나 떠올려봤다. 정말 그렇다. 슈퍼리치들은 절대로 약속시간에 늦는 법이 없다. 아니 늦기는커녕 10~15분 일찍 온다. 그들은 약속시간에 늦어 허겁지겁 올수록 미안한 마음 때문에 비즈니스 협상이 더욱 힘들어진다는 것을 잘 아는 것이다. 첫 만남이라면 첫인상까지도 안 좋아진다는 것을 너무나 잘 안다.

언젠가 한 VVIP 고객은 공 팀장에게 이런 말을 들려줬다.

"다른 모든 이유를 떠나서 약속시간에 늦으면 내 기분이 너무 나빠져서 싫어. 출발해서 약속장소까지 가는 그 시간이 모두 좌불안석이잖아. 그 시간이 얼마나 아까워? 조금만 넉넉하게 출발하면 편안하고 즐겁게 이동할 수 있는 걸 말이야. 안 그래?"

슈퍼리치들은 약속시간에 일찍 도착해 책이나 신문을 읽고 전화로 중요한 용무를 해결한다. 어슬렁어슬렁 사람들을 만나 노는 것처럼 보일 때에도 그들은 늘 비즈니스에 대해 생각하고 있다. 그리고 틈틈이 문자나 전화로 중요한 결정을 지시한다. 약속시간

15분 전에 약속장소에 도착해도 그들은 여전히 업무 중일 수 있는 것이다. 공 팀장은 다시 한 번 마음속으로 다짐했다.

'지금부터는 무조건 약속시간 15분 전에 도착하도록 노력하겠어. 그 15분의 시간을 책을 읽거나 정보를 습득할 수 있는 기회로 만들고야 말겠어.'

수천억대 재산을 모은 김형석 회장님의 습관 ②
분 단위로 시간을 쪼개라

공 팀장은 김 회장님께 시간관리에 관해 조금 더 상세히 듣고 싶었다.

"김 회장님, 회장님은 다른 슈퍼리치 고객님들보다도 시간관리를 잘하시던데요. 특별한 비법 같은 게 또 있나요?"

김 회장님은 다시 미소를 짓더니 천천히 대답했다.

"비법이라면 비법일 수도 있지. 그걸 말해주기 전에 한 가지 공 팀장에게 물어봄세. 공 팀장은 하루를 나누는 단위가 뭔가?"

공 팀장은 갑작스러운 질문에 잠시 멈칫했다가 대답했다.

"시간이죠. 6시부터 7시, 7시부터 8시, 이렇게요."

김 회장님은 고개를 저으며 말했다.

"내가 시간관리를 잘할 수 있었던 이유는 하루를 분 단위로 나누어 쓰기 때문이야. 한번 생각해보게. '하루에 1시간씩 책을 읽어야지.' 하고 마음먹는 사람은 막상 집에 가서 책상에 앉으면 1시간씩 책을 읽는 것이 무척 부담스러울 게야. 공연히 마음에 부담이 생기니 책 읽기가 싫어지고 자꾸 미루게 돼. 하지만 '하루에 10분씩만 책을 읽어야지.' 하고 마음먹은 사람은 부담이 없어. '까짓것 10분도 투자 못 하겠어?' 이런 심정으로 말이야."

공 팀장은 김 회장님의 말씀에 공감했다. 늘 새해에는 하루에 1~2시간씩 공부하며 자기계발을 하겠다고 결심했지만 실행하기가 너무 힘들었다. 퇴근해서 텔레비전 채널을 이리저리 돌리며 조금씩 시간을 미루다가 결국 '내일 하지 뭐.' 하며 잠자리에 들기 십상이었으니까 말이다.

김 회장님의 말씀은 계속됐다.

"거기다가 시간을 분 단위로 나누는 습관을 들이면 자투리 시간이 늘어난다네. 시간을 한 시간 단위로 나누는 사람은 5분이나 10분 정도의 짧은 자투리 시간을 멍하니 보내거나 휴대전화 문자메시지를 주고받거나 하면서 허비하지. 하지만 분 단위로 시간을 쪼개는 사람은 단 5~10분만 시간이 나도 스케줄을 정리하거나 전화통화로 업무를 보지. 신문이나 책을 읽기도 하고 말이야."

공 팀장은 고개를 끄덕였다. 그리고 생각했다.

'그래서 내가 만난 슈퍼리치들은 그렇게 많은 사람을 만나고 많은 일을 하면서도 늘 꼼꼼하게 일을 처리하고 여유가 있었던 거구나. 그들은 평범한 사람들보다 시간을 두 배로 활용하고 있었던 거야.'

그렇게 생각하니 공 팀장은 언젠가 신문기사에서 읽은 안철수 씨의 시간관리 습관이 떠올랐다. 안철수 씨야말로 하루를 분 단위로 나눠 쓰는 대표적인 인물이다. 그는 조금만 자투리 시간이 나도 낱장으로 되어 있는 메모지에 자신의 생각을 기록해서 그의 상징과도 같은 커다란 배낭에 넣고 다닌다고 했다. 그러다 여유가 생길 때 그 메모지들을 다시 꺼내 서로 붙이고 다시 쓰고 하면 어느새 책 한 권 분량의 원고가 되어 있다는 것이었다. 더 깜짝 놀란 것은 엘리베이터 앞에서 기다리는 1~2분 정도의 시간에도 책을 꺼내 읽는다는 것이었다. 그렇게 자투리 시간에 짬을 내어 읽은 책들을 모아도 상당하다고 했다.

"회장님, 하루를 분 단위로 나눠 쓰는 습관은 정말 중요한 시간관리 습관인 것 같아요. 정말 정신이 확 듭니다."

그러자 김 회장님이 말했다.

"돈이든 시간이든 작은 걸 아껴서 크게 쓰는 거야. 원리는 같은 거지. 작은 시간을 아끼지 못하는 사람들은 정작 일 년에 한 번뿐인 여름휴가에 큰돈을 들여 휴양지로 놀러 가서는 거기서 남들 놀 때 일하게 된다네. 정말 안타까운 일 아닌가? 공 팀장도 오늘부터는 푼돈처럼 '푼시간'을 아껴 써보도록 하게."

 공 팀장은 김 회장님을 만나고 집으로 돌아오는 길에 마음에 두 가지 습관을 새겼다. 약속시간보다 15분 먼저 도착하는 습관과 하루를 분 단위로 나눠 쓰는 습관. 이 두 가지만 제대로 지킨다면 어떤 일을 하든 성공확률은 엄청나게 높아질 것이다.

수천억대 재산을 모은 김형석 회장님의 습관 ③
중요도에 따라 시간을 배분하라

공 팀장은 집으로 가는 지하철 안에서 김 회장님의 마지막 조언을 떠올렸다. 약속시간보다 15분 일찍 도착하는 습관과 하루를 분 단위로 나누어 쓰는 습관에 대한 말씀을 듣고 헤어질 때였다. 인사를 드리고 돌아서는 공 팀장을 김 회장님이 불러 세웠다.

"아, 한 가지 더 있어. 이것도 매우 중요해. 공 팀장이 머릿속에 꼭 기억해둬야 해."

김 회장님이 들려준 나머지 한 가지는 중요도에 따라 시간을 배분하라는 거였다.

"사업이든 세상살이든 사람은 언제나 선택을 해야 해. 그런데 공 팀장, 좋은 선택을 하려면 어떻게 해야 할까? 그래, 그 선택을 위해 시간을 들여야 해. 좋은 의사결정을 내리기 위해서는 치밀한 준비가 선행되어야 한다는 거지. 그 결정을 위한 다양한 지식과 정보를 파악해야 하고. 그렇게 치밀하게 준비했다면 리스크를 줄일 수 있는 거야. 그런데 사람들은 대부분 거꾸로 해."

공 팀장은 잘 이해가 되지 않았다. 김 회장님은 그런 공 팀장의 표정을 간파했다.

"무슨 뜻이냐면 말이야, 사람들의 생각과 행동에는 아주 큰 모순이 있어. 사소한 물건을 구매할 때는 이것저것 다 따져보다가 막상 큰 금액이 드는 물건을 살 때는 아주 황당한 결정을 하거든."

공 팀장은 다시금 뒤통수를 얻어맞는 듯했다. 남 이야기가 아니었기 때문이다.

"주변을 살펴보면 말이야, 어떤 휴대전화를 구입할까 결정하기 위해서 다른 사람들이 쓴 사용 후기 같은 걸 인터넷으로 보기도 하고 뭐 별의별 것들을 다 고려하더군. 배터리는 얼마나 오래가나, 인터넷 검색은 얼마나 빠른가 등등까지 말이지. 그렇지만 주식투자를 할 때는 어떤가. 종목에 대한 조사나 공부 없이 직장동료나 친구, 친척들이 물어다주는 '카더라' 정보에 몇천만 원을 턱턱 투자하는 모습을 자주 봤거든. 그 모습이 그렇게 어리석어 보일 수가 없었어. 보통 사람들은 중요한 결정에 대해서는 몇 분도 고민하지 않으면서 그보다 덜 중요한 결정에 대해서는 목숨을 거는 거야. 그래서는 부자가 되기 어려울 게야."

슈퍼리치들은 손해 보는 것을 매우 싫어한다. 그러나 반면 부당하게 싼값에 물건을 사는 것도 그리 좋아하지 않는다. 공 팀장이 아는 슈퍼리치 중 200억대 회사를 운영하는 사장님은 물건을 싸게 샀다고 좋아하면, "그 사람들도 이문을 남겨야지. 그렇게 악착같이 깎아대면 뭘 남기겠어." 하며 핀잔을 준다. 반면 건물이나 땅을 사는 계약을 위해서는 며칠씩 공부하고 그 지역에 대해 잘 아는 부동산업자나 친구와 함께 몇 달을 현장 답사하기도 한다.

슈퍼리치들에게는 휴대전화를 더 싸게 사기 위해 발품을 팔고 애쓰는 건 한마디로 '인건비도 안 나오는' 일이다. 차라리 가까운 가게에서 제값을 주고 사는 것이 시간을 절약할 수 있다. 그만큼 절약된 시간을 더 큰 이익이 나오는 일에 투자하는 것이다. 김 회장님의 말씀은 바로 이 점을 지적하고 있는 거였다. 사소한 데 투자되는 에너지와 시간을 그보다 더 중요한 일에 기울이는 습관, 공 팀장은 이 역시 수첩에 꼼꼼히 기록해놓았다.

연탄공장 배승철 사장님의 습관 ①
내 영혼을 울리는 사업을 하려면 주제 파악을 하라

"공 팀장, 연초에 가입한 저축보험이 벌써 1년이 다 돼가네. 조금 여유가 생겨서 미리 당겨 내려고 왔어."

80대 후반의 배승철 사장님은 20년은 족히 넘은 것처럼 보이는 낡은 가방에서 자동이체 통장을 꺼내며 말했다.

배 사장님은 큰 키에 흰 눈이 소복이 쌓인 듯한 백발이 잘 어울리는 인자한 시골 할아버지 같은 인상이다. 연탄공장이 호황기일 때 큰돈을 벌어들였는데, 그 당시 직원들에게 집 한 채씩을 사주었다는 전설적인 미담의 주인공이다. 정확한 기억력과 꼼꼼한 일처리를 보면 젊은 사람들이 범접할 수 없을 만큼 치밀하다는 걸 금방 알게 된다. 직장에 잠깐 다니다가 30대 초반에 자발적으로 퇴사하고 사업을 꾸려 40년간 이어오고 있는 저력의 밑바탕에는 그런 꼼꼼함이 자리 잡고 있다.

"자네가 처음 이 상품을 권할 때는 나이도 있고 해서 망설였는데 말이지. 역시 그때 공부한 대로 비과세 혜택에 자투리 돈이 불어나는 재미가 쏠쏠하네. 주식에서 찾은 돈도 이리로 넣어주게. 그리고 오늘 점심은 내가 사지. 추어탕이나 한 그릇 하세."

배 사장님이 모아온 돈을 계좌에 추가로 불입한 뒤 새로 생긴 추어탕 집으로 함께 갔다.

"생긴 지 3개월밖에 안 되긴 했지만 정말 장사가 잘되네요. 이 집 들어서기 전에 일식집과 돈가스집, 한식집이 계속 들어섰다 망하길 반복했거든요. 이 집은 뭐가 다른 걸까요?"

자리를 잡고 앉아서 공 팀장이 이렇게 묻자 배 사장님은 웃으며 말했다.

"음식을 맛있게 하는 모양이지, 하하하."

그러면서도 추어탕집 내부를 꼼꼼하게 살폈다.

"사장님도 샐러리맨을 하시다 처음 창업하셨을 땐 고생이 이만저만이 아니셨지요?"

배 사장님은 대답 대신 물 한 모금을 마시더니 조금 뜸을 들이

고는 입을 열었다.

"자네보다 10년 정도 젊었을 때, 그러니까 30대 중반에 창업을 했지. 이것저것 안 해본 것이 없다네. 부친이 조그만 사업을 해서 어깨너머로 배우기도 했었지만, 샐러리맨은 워낙 적성에 안 맞아서 일찍부터 사업에 뜻을 둔 거였지. 그런데 말일세, 내 사업을 한다는 게 그리 녹록하지 않더라고. 오죽하면 내가 두 아들만큼은 절대 사업을 안 시키겠다고 결심했겠나."

그러자 공 팀장은 그렇게 어려운 사업을 어떻게 성공시켰는지 궁금해졌다. 그런 마음을 읽은 듯 배 사장님은 추어탕에 부추를 넣으며 말을 이었다.

"혈기왕성하다 보니 막상 내 사업을 하려고 보면 모든 일이 다 잘될 것처럼 보이지. 중국집을 열면 크게 성공시킬 수 있을 것 같고, 오리고기집을 열면 금방 대박집을 만들 수 있을 것 같단 말이야. 그냥 조금만 공부하면 다른 어떤 집보다 더 잘할 수 있겠다는 생각이 든단 말일세. 그런데 악마는 바로 그럴 때 등 뒤를 덮치는 거야."

배 사장님이 추어탕을 한 숟가락 입에 떠넣고 맛을 음미했다.

"맛있네. 잘될 만해."

배 사장님은 계속해서 말을 이었다.

"명예퇴직을 하고 퇴직금으로 샐러리맨이 치킨집이나 음식점을 오픈했다가 실패하는 이유가 뭐라고 생각하나?"

40대 중반의 공 팀장도 이제 명예퇴직은 남의 일만이 아니다. 작년 하반기에만도 얼마나 많은 선배들이 명예퇴직을 권고받았던가. 얼마 전에 명예퇴직으로 직장을 그만둔 선배와 차를 한잔 마신 적이 있었다. 불과 1년 만에 얼굴이 많이 상했는데 사연을 듣고 보니 명예퇴직 후 차린 프랜차이즈 음식점이 6개월 만에 문을 닫게 된 것이었다. 처음 시작할 때까지만 해도 이것저것 공부도 많이 했고 장사가 잘되는 목을 찾기 위해 발품도 많이 팔았었기 때문에 성공을 자신했다는 거였다. 그러나 결과는 참담했다.

"장사, 그거 아무나 하는 게 아니더라."

선배가 씁쓸하게 남긴 말이었다.

잠시 생각에 잠긴 공 팀장에게 배 사장님은 이런 이야기를 해주었다.

"단지 돈을 벌겠다는 이유만으로 장사나 사업을 시작하면 십중팔구는 망해. 장사나 사업이 내 영혼을 울려야 불같이 일어설 수 있어. 나는 그걸 '주제 파악'이라고 한다네. 다소 더디더라도 자신이 창업하려는 분야의 음식점에서 최소 6개월, 적어도 1년 정도는 취직해서 A부터 Z까지를 익혀야 하는데, 내가 그 분야를 좋아하면 저절로 그게 돼. 그게 안 되면 나랑 안 맞는 거라고 생각해야 한다네."

공 팀장은 샐러리맨이든 장사든, 그저 열심히만 하면 되는 것이라 생각해왔다.

'주제 파악……'

공 팀장은 귀를 더 쫑긋 세웠다.

"어렵게 모은 돈을 투자해서 뻔지르르하게 차려놓고 1~2개월 연습한 친절을 베푼다고 성공할 수 있다면 대한민국에서 창업했다 말아먹을 사람은 한 명도 없을 걸세. 음식점을 한다면 우선 음식의 맛을 결정하는 주방의 모든 것을 주인이 꿰차고 있어야 하네. 음식재료의 신선도부터 조미료의 첨가여부까지 말일세.

그런데 거기서 끝나지 않아. 홀에 몇 명의 종업원이 어떤 시스템으로 주문을 받고 서빙을 해야 하는가도 중요해. 인테리어도 그렇고. 유동인구에 따라 점포의 운영시간도 정해야 하고. 그 밖에도 세세한 게 아주 많다네. 그건 노력으로 챙겨지는 게 아니야. 애정과 열정으로 챙겨지는 거지. 근데 그 애정과 열정은 나와 맞는 옷을 입었을 때 생겨나는 거라네. 그래서 무슨 사업을 하든 '주제 파악'을 해야 한다는 거야.

아무에게도 고개를 굽히지 않는 성격인데 장사를 하겠다는 사람들이 많아. 그렇지만 그런 사람이 성공할 가능성은 없어."

공 팀장은 알 것 같았다. 슈퍼리치들은 '주제 파악'이 뛰어나다. 내가 끼어들 자리와 빠질 자리를 아주 잘 안다. 내가 하고 싶은 것과 할 수 있는 일을 아주 잘 구별하는 사람들이다. 그런데 명예퇴직 후에 이전과는 완전히 다른 새로운 일을 시작해야 하는 샐러리맨 출신들은 불안에 쫓겨서인지 자신이 하고 싶은 것과 할 수 있는 일을 구별하지 못한다.

'주제 파악'을 통해 내가 잘할 수 있는 분야를 찾고 정말 '억' 소리 나게 그 분야의 최고 전문가가 된다면 반드시 성공한다. 제일 실패하기 쉬운 케이스가 자신의 능력이나 취미, 기호 등과는 무관하게 선배가 치킨집으로 대박을 냈다고 하면 치킨집을 하고 싶어 하고, 후배가 작곡으로 큰돈을 벌었다고 하면 작곡하겠다고 달려드는 팔랑귀 스타일이다.

공 팀장은 주제 파악 습관이야말로 슈퍼리치로 가는 첫 출발점이라는 생각이 들었다.

연탄공장 배승철 사장님의 습관 ②
디테일을 챙겨라

"사업을 하다 보면 정글에 있는 것 같아. 수많은 사람들이 내 주머니를 호시탐탐 엿보고 돈을 뺏어가려고 하지. 그래서 어설픈 사람들은 사기를 많이 당한다네. 사실 나도 처음 사업을 시작할 때 사소한 것들을 꼼꼼하게 챙기지 못해서 낭패를 본 적이 있었다네. 공장을 확장하려고 구입한 땅이 나중에 개발제한구역으로 묶이는 바람에 결국 비싸게 산 그 땅을 헐값에 되팔아야 했지."

배 사장님은 그때의 아픈 기억이 떠올라서인지 잠시 미간을 찌푸렸다.

"슈퍼리치의 습관을 수집한다고 했지? 다른 무엇보다 명심하게. 어떤 일을 하든 사소한 부분을 꼼꼼하게 확인하는 습관을 가져야 하네. 아마 사업하면서 문제가 생긴다면 바로 그런 사소한 부분에서 나올 거야. 다들 중요하다고 생각하는 부분에서 나오는 게 아니야."

'악마는 세밀한 곳에 숨어 있다.'라는 서양속담이 있다. 사소한 것을 꼼꼼하게 챙기라는 배 사장님의 말은 비즈니스 세계에서는 순도 100퍼센트의 진리다. 다른 99퍼센트를 기가 막히게 처리해 놓아도 1퍼센트의 허술함 때문에 모든 게 허사가 되는 경우가 비일비재하기 때문이다. 그래서 내 사업을 하려면 꼼꼼하게, 직접 확인하는 습관을 들여야 한다. 그냥 말로 "그거 됐지?" 하고 넘어가는 순간, 그 시점부터 실패가 문턱을 넘어 기어들어온다.

아무리 사소한 것이라도 반드시 자신의 눈으로 꼼꼼하게 확인하는 습관은 배 사장님뿐만 아니라 여러 슈퍼리치들이 거듭 강조한 것이다. 큰 기업이 되어 여러 전문가를 거느리고 비즈니스를 하는 경우라도 말이다.

"그런데 말이야, 공 팀장. 자네가 몇 개월 전에 제안해준 자문형 랩 상품 말이야. 그 상품은 생각보다 수익률이 안 좋아 마이너스가 났더군."

공 팀장은 너무 죄송했다. 자문형 랩 상품이 애초 기대와 달리

코스피 수익률을 못 따라가고 있어서 배 사장님에게 면목이 없었던 것이다.

"하하, 내가 밥 잘 먹고 공 팀장에게 뭐라 그러려는 게 아닐세."

배 사장님이 미안한 표정을 지으며 말을 이었다.

"사실 상품에 가입할 때도 그렇고 사업할 때도 그렇고 항상 결정의 순간에 직면하게 되네. 그때 보통 사람들은 남의 의견에 너무 의존하는 경향이 많다네. 내가 결정하지 않고 남의 말을 따름으로써 변명을 만들어놓는 거지. 내 사업인데도 말이야. 그렇지만 지나온 세월을 돌이켜보면 그런 순간에 결코 남에게 의사결정권을 넘겨서는 안 된다네."

배 사장님은 실패를 하더라도 중요한 의사결정은 반드시 자기가 하는 습관을 가지라고 강조했다.

"중요한 의사결정을 자신이 하는 습관을 들이면 책임감이 생기고 의사결정 전에 많은 고민을 하며 더 열심히 검토한다네. 그래서인지 내 주변에서도 자신이 의사결정을 내리는 사람들만 사업에서 살아남아 성공했지."

사실 말할 필요도 없는 습관이지만 많은 자영업자들이 못하는 습관이기도 하다. 한 번만 꼼꼼하게 생각해보자. 내 사업이다.

음식점을 한다 치자. 주방장의 말만 믿고 주방장만 아는 곳에서

식재료를 사오게 되었을 때, 만약 그 식재료에 문제가 생겨 손님이 떨어져 나가고 문을 닫아야 한다면 그 책임은 누가 지게 될까. 주방장? 아니다. 사업주인 내 책임이다. 그러니 아무리 경험 많은 주방장이더라도, 뛰어난 솜씨로 정평이 났다고 해도, 설사 내가 틀리고 주방장이 맞다 해도, 결정은 내가 해야 한다. 그렇지 않으면 내 사업임에도 남의 손에 질질 끌려가다가 손도 못 써보고 실패를 맛보게 되기 때문이다.

배 사장님도 굴곡이 많은 인생이었다. 지금은 슈퍼리치의 반열에 올랐지만 사업하면서 사기도 많이 당했고 중요한 의사결정을 부하 직원에게 미루면서 손해를 본 적도 있었다.

값진 경험에서 우러나온 숭늉처럼 구수한 조언을 들은 공 팀장은 기쁜 마음으로 배 사장님과 헤어져 사무실로 돌아왔다.

짠돌이 정삼구 사장님의 습관 ①

망설이지 말고
24시간 안에 저질러라

공 팀장은 어제저녁 정 사장님이라는 분께 전화를 한 통 받았다. 공 팀장이 언론에 기고한 재테크 칼럼을 보고 만나고 싶다는 것이었다. 공 팀장은 새로운 PB센터에 부임해 정신없었지만, 뿌듯한 마음과 궁금한 마음에 정 사장님과의 만남이 기다려졌다.

오전 10시. 리셉션 요원의 안내를 받아 상담실에 들어가니 작은 키에 단단한 체구의 정삼구 사장님이 반갑게 미소 지으며 인사를 했다.

"지난주까지 미국 출장 중이었습니다. 공 팀장님을 만나려고 한걸음에 날아왔지요."

호탕한 성격의 정 사장님은 임플란트 수입업을 한다고 자신을 소개했다. 자신이 가입한 해외 펀드가 마이너스 수익을 냈다며, 그것을 포함해 자신이 모은 30억 원 안팎의 금융자산을 안전하게 굴리고 싶다고 상담해왔다. 공 팀장은 현재 시장 상황이 별로 좋지 않으니 당장 리밸런싱(자산 배분배)을 하는 것보다 좀 더 시간적 여유를 가지고 대응하자고 1차 상담을 마무리했다. 그렇게 이야기를 나누다 공 팀장은 정 사장님이 같은 대학교의 20년 선배라는 것을 알게 되었다.

"이야, 공 팀장이 내 후배라니 세상 참 좁네. 점심때도 되었으니 식사라도 같이하며 이야기를 더 나눕시다."

인근 한정식집에서 공 팀장은 마주 앉은 정 사장님에게 정식을 권했지만, 정 사장님은 점심에 정식은 과하다며 단품식사를 시켰다. 그러고는 자신의 사업 이야기를 들려주었다.

"처음부터 사업을 시작한 건 아니고, 대학교를 졸업하고 병원 원무과에 취직했었지. 한 5년 근무했나? 그런데 샐러리맨이라는 게 적성에 잘 안 맞더군. 결재 시스템이 어찌나 복잡하던지 한두 시간이면 해결이 되는 사소한 업무가 최종결정권자의 사인을 받기까지 하루 이상 걸린 적도 많았고, 상사에게 지시를 받는 게 당연했지만 왠지 내 개성이 사그라진다는 생각이 들었으니까. 솔직히 나는 그런 생활을 견딜 수가 없었지."

어떤 월급쟁이가 그 생활을 피해갈 수 있을까. 공 팀장은 절로 고개가 끄덕여졌다.

"그때 마침 한 친구가 카 스테레오를 주문 제작해서 미국으로 수출하는 사업을 하고 있었어. 그래서 동업하게 됐는데 처음에는 돈을 잘 벌었어. 연 매출이 100억 원이었으니까. 그런데 동업이란 게 정말 어려워. 특히 장사가 잘되면 잘될수록 어렵지.

결국 동업이 깨지고 나는 두 번째 사업을 시작했어. 카 스테레오를 만들어 팔면서 미국과 한국을 자주 왔다갔다 하게 되었는데, 그러다 보니 몇몇 아는 사람이 나한테 임플란트 재료를 부탁하는 거야. 뭐 지금도 그렇지만 그 당시에는 임플란트 재료 가격이 엄청나게 비쌌거든. 구하기도 어려웠고. 그때 머릿속에서 전구가 반짝하는 거야. '그래, 임플란트를 포함해 의료 자재나 기구를 수입해서 팔자.'라는 생각이 든 거지."

"그래서요?"

공 팀장은 눈을 반짝이며 물었다.

"문제는 내 영어실력이었어. 미국 병원을 쫓아다니며 물건을 구해야 하는데 내 영어실력은 정말 짧았거든. 그래서 곧바로 영어공부를 시작했어. 그때 알았지. 생존에 관련된 일은 정말 금방 배운다는 것을 말이야. 공 팀장도 알다시피 대학교 때까지 영어를 배우기는 했지만, 실전에서 제대로 쓸 수 있어? 뭐 12년 공부가 도로아미타불이지. 그래도 낮에는 영업을 뛰고 밤에는 틈틈이 영어공부를 하니까 목구멍이 포도청이라고 3년 만에 영어가 독학으로 마스터되더군. 영어가 자유자재로 되니까 장점이 정말 많았어. 통역을 쓰지 않아도 되고 내가 상대와 바로 대화할 수 있으니 오해를 줄일 수도 있었지. 수입이나 수출 계약도 내가 직접 다 할 수 있어서 실수가 생길 수 있는 위험도 줄였고 말이야."

낮에는 영업을 뛰고 밤에는 틈틈이 영어공부를 했다는 이야기. 그렇다면 사업을 곧바로 시작했다는 말이다. 공 팀장이 그 점이 궁금했다.

"그럼 정 사장님은 동업하시던 분과 카 스테레오 사업이 깨지자마자 곧바로 임플란트 사업을 시작하신 거예요? 영어도 잘 안 되셨을 테고, 그 분야는 무척 생소했을 텐데요."

그러자 정 사장님이 미소를 머금고 답했다.

"공 팀장, 나는 말이지, 이런 습관이 있어. 무슨 아이디어건 일단 '이거 되겠다.'라는 생각이 들면 24시간 이내에 당장 실행하는 습관 말이야."

그 순간 공 팀장은 뭔가 느껴지는 게 있었다. 예전에 『바보들은 항상 결심만 한다』라는 책이 많은 사랑을 받은 적이 있었다. 머릿속에 백만 불짜리 아이디어가 있어도 풀어놓지 않으면 끝이다. '구슬이 서 말이라도 꿰어야 보배'라는 속담도 있지 않은가.

정 사장님이 계속 말을 이었다.

"언젠가 책에서 읽었는데, 어떤 생각을 결심한 뒤 24시간 이내에 실행하지 않은 아이디어가 결과물로 나올 확률은 거의 제로에 가깝다는 거야. 그래서 그때 결심했지. 내가 리스크를 감당할 수 있고 몰입해서 추진할 수 있다면, 하기로 마음먹은 일은 24시간 안에 추진하자고 원칙을 세운 거지. 그게 큰 도움이 되었어. 그런 원칙이 없었다면 아마 나는 내 모자란 영어실력과 부족한 경험이나 지식을 핑계 삼아 아무 일도 시작하지 못했을 테니까 말이야. 일단 저지르고 그걸 수습하려고 영어를 공부하니까 정말 독하게 공부하게 되더라고. 그게 실력이 느는 지름길이란 것도 부수적으로 알았지."

공 팀장은 예전에 싸이의 인터뷰를 읽은 기억이 떠올랐다. 싸이도 정 사장님과 비슷한 말을 했었다.

"똥인지 된장인지는 찍어 먹어봐야 아는 거죠. 그냥 멀찍이 떨어져서 '저건 똥일 거야, 저건 된장일 거야.' 해서 그게 알아집니까? 일단 저지르고 두려움에 떨면서 수습하고, 또 수습이 다 되면 저지르고 또 부들부들 떨면서 수습하고, 그러다 보니 여기까지 온 거예요."

싸이도 저지르면서 두려웠을 거다. 그러나 일단 저지르고 그걸 수습하기 위해 뼈를 깎는 노력을 했을 거다. 사람이란 게으름이나 핑계를 얼마나 이기기 어려운 존재인가. 자신을 얼마나 잘 합리화시키는가 말이다.

공 팀장은 정 사장님에게서 배운, '이거다 싶으면 24시간 안에 저지르는 습관'을 꼼꼼하게 노트에 적어 넣으며 다짐했다.

'지금 당장 해치우는 습관은 인생사 모든 일에 적용된다. 생각이 났다면 지금 당장 해치우자.'

짠돌이 정삼구 사장님의 습관 ②
쓸 때는 쓰고 아낄 때는 아껴라

정 사장님은 음식을 천천히 알뜰하게 먹는 스타일이었다. 어찌나 밥을 맛있게 먹던지 그 모습을 보고 있노라니 며칠째 입맛이 없던 공 팀장도 다시 식욕이 돌아 숟가락을 들게 됐다. 그런데 가만 보니 고양이가 깨끗하게 핥아놓은 것처럼 정말 음식을 남김없이 먹었다.

"음식은 절대로 남겨서는 안 돼. 그렇다고 억지로 먹을 필요는 없으니 시킬 때 현명하게 시켜야 하지. 농부의 정성이 들어간 것이니 쌀 한 톨이라도 아껴야 해."

정 사장님은 음식을 과하게 시키는 법이 없다고 한다. 그래서 거래처 의사들을 만날 때도 단품식사를 즐긴다고 했다. 정 사장님이 그렇게 환기를 해주자 공 팀장은 그동안 자신과 함께 식사를 나눴던 슈퍼리치들의 식사습관이 떠올랐다. 사람마다 조금씩 차이는 있지만 그간 공 팀장이 만난 슈퍼리치들은 백이면 구십구 명은 대부분 음식을 남기지 않았다.

출판사를 경영하는 슈퍼리치 한 분은 주문할 때 아예 확답을 받으시곤 했다.

"공 팀장이 먹고 싶은 건 내가 다 사줄 테니까 원 없이 먹고 싶은 것 다 시켜. 대신 남기면 안 돼. 남기면 계산은 공 팀장이 해. 난 음식 남기는 것 못 봐."

이런 식이었다. 허세가 없고 정말 음식을 아낀다. 다른 무엇보다도 음식 남기는 걸 끔찍하게 싫어하는 사람들이 슈퍼리치들이었다. 또 아무도 없는 방에 전깃불이 그냥 켜져 있는 것도 못 견뎌 한다. 무시무시하게 화를 낸다.

"아 참, 정 사장님, 처음 사업을 시작할 때 직접 새긴 도장이 있다고 하셨죠? 마침 오후에는 약속도 없는데 사무실을 구경할 수 있을까요?"

공 팀장은 문득 30년째 사업을 하고 있는 정 사장님의 사무실이 보고 싶어졌다. 물론 20년 전 정 사장님이 직접 새겼다는 목도장도 궁금했다. 정 사장님은 흔쾌히 허락했다.

한정식집을 나온 공 팀장은 택시를 잡으려고 큰길 쪽을 향하며 말했다.

"사무실이 양재 쪽이라고 하셨지요? 양재 방면이면 이쪽에서 택시를 잡으면……."

그때 정 사장은 공 팀장에게 말했다.

"공 팀장, 오늘은 공 팀장과 동행하니 택시를 타지만 사실 나는 택시를 타지 않아."

공 팀장은 입이 다물어지지 않았다.

'현금자산만 30억 원. 부동산과 각종 주식, 채권을 다 합하면 500억 원 이상. 거의 1,000억 원에 육박하는 자산가다. 그런 분이 택시도 타지 않는다니…….'

버는 것도 중요하지만 더 중요한 것은 1원 한 푼이라도 아끼는 습관이라는 정 사장님의 말에 공감하면서도 살짝 자린고비 같은 느낌이 들기까지 했다.

사무실은 정 사장님이 소유한 빌딩의 3층에 있었다. 택시에서 내려 빌딩에 도착하자 정 사장님은 계단을 이용해 사무실로 안내했다.

정 사장님이 잠시 목도장을 가지러 간 사이에 공 팀장은 사무실안을 둘러보았다. 더운 날씨임에도 사무실에는 에어컨 대신 선풍기 한 대만 돌아가고 있었다. 주위를 살펴보니 직원들은 땀을 뻘뻘 흘리며 일하고 있었다.

'이건 해도 너무하는 것 아닌가? 이렇게 돈을 벌어서 뭐에 쓰지?'

그때 정 사장이 돌아왔다.

"이게 내가 보물로 생각하는 목도장일세."

정 사장님이 보여주는 목도장은 비교적 깔끔한 나무 목도장이었는데 앞면에는 고무인이 새겨져 있었다.

"사업 초기에는 모든 것을 직접 하는 것이 비용을 줄이는 가장 좋은 방법이었지. 이렇게 도장 하나라도 직접 만들어 사용할 정도로 경비를 아끼고 절약을 했어. 그런 정신이 필요했지."

들고 보니 의류업을 하는 김 회장님도 똑같은 말을 했던 것이 떠올랐다. 투자를 위한 지출은 과감하지만 불필요하게 낭비되는 돈은 정 사장님처럼 단돈 1원이라도 철저하게 절약한다는 것이다. 단지 1원이 아까워서가 아니라 1원을 우습게 아는 습관이 몸에 배어 낭비하는 습관으로 자리 잡게 될까 봐 경계한다고 했다.

정 사장님은 10년째 사용하고 있다는 지갑도 보여줬다.

"말이 나왔으니 말이지, 나는 요즘도 해외출장을 가면 공항에서 점심을 먹지 않는다네. 조금 참았다가 기내식으로 해결하지. 지금도 창업할 때의 절약정신을 잊지 않고 있다네. 기억하게. 돈은 벌기는 어려워도 쓰기는 쉬운 법이라네."

공 팀장은 정 사장님에게 반문하고 싶었다. 그래서 어렵게 입을 떼었다.

"정 사장님의 절약습관은 잘 알 것 같습니다. 정말 대단하세요. 하지만 이런 더운 여름날 에어컨도 안 틀고 선풍기 한 대로 직원들을 버티게 한다는 건 좀……. 이래서는 일의 능률이 안 오를 것 같은데요."

그러자 정 사장님은 빙긋이 웃으며 대답했다.

"내가 시킨 게 아니야. 직원들이 자발적으로 에어컨 대신 선풍기를 틀고 일하는 거라네."

공 팀장은 눈이 휘둥그레졌다.

"그도 그렇게 이렇게 아낀 경비는 전부 직원들 몫으로 재투자하거든. 오히려 본인들이 알아서 아낀다네. 나는 회사에 일정한 이익이 생기면 모든 직원과 함께 해외여행도 가고, 자기계발비도 지원해줘. 집을 살 때 대출도 보조해주고."

'그랬구나. 정 사장님은 자린고비가 아니라 아낄 때 아끼고 쓸 때 쓸 줄 아는 분이었구나.'

정 사장님은 그런 공 팀장의 마음을 읽은 듯 말을 이었다.

"공 팀장이 나를 자린고비로 봤구먼? 어떤 면에서는 맞지. 어쩌면 자린고비보다 더 독하게 돈을 모으지. 하지만 쓸 때는 쓴다네. 내가 쓰는 물건 중에는 소위 '명품'이라는 물건들이 꽤 된다네. 그런데 사람들이 명품이라고 치켜세우기 때문에 그걸 쓰는 건 아냐. 내가 보기에 진짜 돈을 줄 만한 가치가 있다면 좀 비싸더라도 그 물건을 쓴다네. 인생은 아무 물건이나 쓸 만큼 길지 않지. 멋진 사진을 찍으려면 내 손에 꼭 맞는 명기라고 불리는 사진기가 필요해. 볼펜 대신 고급 만년필을 쓰는 것, 그게 나만의 사치일세. 물건을 쓸 때마다 기쁨을 느끼게 하는 그런 물건에는 돈을 쓰지. 대신 한번 만난 물건은 그 수명이 다할 때까지 아껴 써. 그게 내 정신일세."

공 팀장은 책상 서랍에 가득 찬 쓰지 않고 충동적으로 구매한 볼펜들이 떠올랐다. 아마 그걸 다 쓰려면 100세까지 살아야 할 거다. 공 팀장은 20년 된 목도장과 10년 된 지갑을 흔쾌히 보내준 정 사장님에게 정중하게 인사하고 사무실을 나왔다.

슈퍼리치들은 자린고비가 아니다. 물론 그들은 과하다 싶을 정도로 지출을 줄인다는 면에서는 자린고비일지도 모른다. 록펠러의 유명한 일화도 있지 않나.

어느 날 록펠러가 비서에게 10센트를 빌리며 이렇게 말했다.

"내일 돈을 돌려주지 않으면 꼭 내게 환기시켜주게. 자네에게 10센트를 빌렸다고 말일세."

"무슨 말씀을요. 그깟 10센트를 가지고요. 그냥 쓰세요."

"10센트는 1달러의 2년 치 이자일세. 그걸 알아야지 부자가 된다네."

대다수의 슈퍼리치는 이런 록펠러의 마음가짐을 지녔다. 단돈 1원도 허투루 쓰고 싶어 하지 않는다. 반면 슈퍼리치들은 그렇게 아끼고 모은 돈을 반드시 필요하다고 생각하는 것에 아낌없이 투자한다. 그것이 정 사장님처럼 직원의 복지를 위한 재투자가 될 수도 있고, 자신의 가치를 높이는 일이 될 수도 있다.

아낄 때는 허리띠를 졸라매서 독종처럼 아끼고, 꼭 필요한 쓰임새에는 아낌없이 쓰는 것. 그것이 바로 슈퍼리치의 절약습관이자 소비습관이다.

샐러리맨 출신 김정호 사장님의 습관 ①
먼저 베풀어라

    비서가 내준 시원한 음료수를 들이켜자 더위가 좀 가셨다. 공 팀장은 그제야 상담실 장식장에 전시된 인형들이 눈에 들어왔다. 딸 둘을 둔 공 팀장은 유독 깜찍하게 미소 짓는 곰돌이 인형에 특히 눈길이 갔다.
    이곳은 인형사업을 하는 김정호 사장님 회사의 상담실이다. 김 사장님은 국내에 2,000평 규모의 공장을 가지고 1,000억대의 매출을 이룰 정도로 완구 사업으로 크게 성공하였으며, 베트남과 중국에서도 10년 넘게 사업을 하고 있다.
    김 사장님이 해외출장을 앞두고 사무실에서 몇 분의 중요한 고객들을 만나야 한다고 해서 공 팀장이 출장을 나왔다. 유난히 더

운 날씨 때문에 고생스럽긴 했지만 공 팀장은 또 다른 슈퍼리치의 사무실을 구경할 수 있다는 기쁨으로 한달음에 달려왔던 것이다.

"어서 오게, 공 팀장. 더운데 이 좁은 사무실까지 오느라고 고생 많았네."

"아닙니다. 사무실이 참 예쁘고 아기자기한데요?"

사실 공 팀장은 다른 슈퍼리치들보다 김 사장님의 이야기를 먼저 듣고 싶었다. 왜냐하면 김 사장님도 처음에는 공 팀장처럼 샐러리맨으로 사회생활을 시작했다가 자기 사업을 차려 크게 성공한 케이스였기 때문이다. 샐러리맨인 공 팀장이 참고할 만한 이야기들이 많을 것 같아 내심 기대가 컸다. 김 사장님은 대학교를 졸업한 20대 중반에 한 완구회사에 취직하게 되는데, 들어가자마자 회사가 조금 어려웠다고 한다. 그런 시기에도 김 사장님은 밤낮을 가리지 않고 열정적으로 일했고, 회사의 위기가 끝나자 사장은 그런 김 사장님을 눈여겨두었다가 회사의 자금과 영업 마케팅을 총괄하는 중요한 역할을 맡겼다.

"글쎄, 그때 사장님이 좋게 봐주셔서 감사하지. 하지만 솔직하게 말하면 그건 나 자신을 위해서 그런 거였어."

"회사를 위해 밤낮없이 일한 게 김 사장님 자신을 위한 거였다고요?"

김 사장님은 마치 그런 질문이 나오리라 예상했다는 듯이 빙긋이 웃었다.

"대학교를 졸업하고 완구회사에 처음 입사했을 때 몇 달 동안 주변을 살폈지. 1년 된 사람이든 5년 된 사람이든 10년 된 사람이든 다 똑같아 보였어. 다들 무료한 표정으로 일상적인 업무를 하면서 월급날과 주말만을 기다리면서 살더군. 물론 나도 월급날과 주말은 좋아하지. 그게 나쁘다는 게 아니라 그 모습을 보면서 자기 인생을 회사에 맡기고 있다는 느낌을 받았어. 그런데 내가 보기에 그 회사는 무척 어려운 상황이었고. 회사가 망하면 거기서 일하는 사람 중 6개월 내에 재취업할 수 있는 사람은 없을 것 같았어. 그래서 그때 결심했네. 지금은 내가 자본도 없고 경험도 없어서 이 완구회사에서 일하지만 5년 안에 내 사업을 시작하겠다고 말일세."

공 팀장은 그 심정을 이해할 수 있었다. 지난 24년간, 공 팀장은 은행에서 최고의 마케터로 인정받았다. 그가 세운 카드 판매 기록은 지금도 깨지지 않고 전설로 회자되고 있을 정도다. 그러나 공 팀장은 그가 존경했던 기라성 같은 선배들이 하나 둘 명예퇴직이라는 이름으로 회사를 떠났듯 자신도 그리 멀지 않은 때 회사를 떠나야 한다는 것을 알고 있다. 조직은 그런 곳이다. 원

망할 필요도, 억울해할 일도 없다. 월급을 받으며 일했을 뿐 공짜로 일한 것 아니었다. 그래서 공 팀장은 회사와의 이별을 마음속으로 연습하고 있었다. 회사와 이별하기 전에 세상에 나가 살아남을 수 있는 역량을 쌓아야만 했다. 지금 김 사장님은 그 이야기를 하는 것이다.

"그때 마음속으로 두 가지 결심을 했네. 이 회사의 사장님께 돈을 벌어드리지 못하면, 내가 독립했을 때 성공할 확률은 0퍼센트다, 그러니 이 회사에서 나는 반드시 성공한다. 또 한 가지는 여기서 성공하기 위해서는 모든 일을 속속들이 알아야 한다, 그러려면 내가 이 회사의 사장이란 생각으로 일해야 한다. 이 두 가지였지. 그러니까 일이 재미있어졌어. 난 사장이 아니지만 마치 사장인 것처럼 행동했지. 불이 쓸데없이 켜져 있으면 불을 껐고, 클라이언트가 부당하게 주문을 취소하면 정말 악착같이 싸웠지. '이게 내 거다.'라고 생각하면 돼. 길을 지나가는데 누군가가 내 지갑을 빼앗으려 하면 아마 죽기 살기로 싸울 거야. 내가 사장이다 생각하면 그런 마음으로 일하게 돼."

공 팀장은 더 궁금해졌다.

"그렇게 사장처럼 일하겠다고 마음먹으면 또 어떤 좋은 점이 있나요?"

"우선 좋은 인연을 만들게 되지. 사람들이 흔히 하는 실수가 일하는 관계에서 만난 사람을 소홀하게 대한다는 거야. 그런데 사장들은 안 그래. 그때 내가 일하던 완구회사의 사장님도 늘 거래처에서 일하는 사람들 만나 참 살갑게 굴었어. 거기에 철학이 있더군."

"어떤 철학인데요?"

김 사장님은 음료수로 입을 축이고 말을 이었다.

"정말 큰 도움을 주는 사람은 아주 친한 사람이 아니고 서로 좋은 감정을 가진 적당히 친한 사람이라는 거야. 근데 그게 일리가 있더라고. 왜 대학교를 다닐 때도 매일 만나는 진짜 친한 친구에게서 직장을 소개받는 경우는 거의 없잖아? 조금 덜 친한 친구들이 늘 그런 고급 정보를 물어다주지. 진짜 친한 친구는 늘 나랑 똑같은 생활방식에, 거의 비슷한 지역에서 생활하니까 어쩔 수 없어. 그 친구가 알고 있는 건 다 내가 알고 있는 거지. 사실 내가 완구공장을 만들 수 있게 된 것도 그런 관계에 있던 분이 도와준 덕이야."

김 사장님은 자금, 영업, 마케팅을 총괄하는 중책을 맡아서 사장이라는 심정으로 열정적으로 일했다. 그러나 샐러리맨의 한계인지 아버지가 신뢰하는 젊은 직원이었던 김 사장님을 사장의 아들이 질시하게 되었다. 피는 물보다 진한 법, 결국 김 사장님은 본인의 의지와는 무관하게 회사를 그만둬야 했다. 지난 10년간 내 회사처럼 열심히 일했고 최선을 다했던 회사였기에 너무 허탈했다.

그렇게 1년여를 빈둥대고 있을 때 완구회사에 다닐 때 알게 된 완구 에이전트 박 부장이 찾아왔다. 박 부장은 잠깐 회사일이 꼬여 경제적으로 어려움을 겪었을 때 김 사장님에게 도움을 받은 적이 있었다. 김 사장님이 박 부장 집에 쌀도 사다주고 소주도 함께 기울이며 인간적으로 대해주었던 것이다. 그랬던 박 부장이 이제는 김 사장님을 찾아와 그간 사정을 들었다며 오랜만에 소주나 한잔 하자고 했다. 한두 잔 술잔이 돌았을 무렵 박 부장이 제안했다.

"내가 오래전부터 알고 있던 완구회사가 있는데 이번에 급한 일이 생겨서 회사를 폐업한다고 하더군. 큰돈 없이 있는 물건을 3개월 안에 처분해주는 조건으로 사업 한번 해보면 어때? 김 이사(퇴직 당시 김 사장님의 직책이 이사였다)는 영업력도 있으니 해볼 만하지 않을까? 5년 후에 내 회사를 만들겠다던 사람이 언제까지 이렇게 빈둥댈 거야."

김 사장님은 그렇게 우연히 작은 완구회사를 인수하며 창업하게 되었다. 80년대 중반의 일이다. 때마침 텔레비전에서 어린이 만화주인공인 완구가 히트를 치자 김 사장님의 완구회사도 기반을 잡게 되었다. 인수받은 완구도 잘 처분했고, 박 부장의 소개로 들여온 완구와 인형도 불티나게 팔려나갔다. 모든 일이 회사에 다니며 다져놓은 인간관계 덕이었다.

  좋은 인연을 만드는 방법은 '먼저 주는 습관'에 있었다. 공 팀장은 김 사장님의 이야기에서 '먼저 주는 습관'을 마음속에 담았다.

샐러리맨 출신 김정호 사장님의 습관 ②
사장 마인드로 일하라

"샐러리맨에서 성공한 슈퍼리치가 되고 싶으면 일단 가락시장에 가서 장사를 시작해보게. 그러면 뭐가 사장 마인드인지를 알게 될 걸세."

김 사장님은 사위에게도 똑같은 말을 한다고 했다.

"월급쟁이들은 머리로는 다 알아. 조만간 회사가 날 버릴 날이 온다는 것도 알고, 뻔한 월급보다 돈을 더 많이 벌고 싶다면 내 사업을 해야 한다는 것도 알지. 하지만 머리로만 이해했을 뿐 몸은 행동하지 않아. 아침 9시부터 저녁 6시까지 일하는 것이 피곤하고 괴롭다고 툴툴대면서도 내 사업을 준비하지 않지. 왜 그런지 아나? 평범한 일상이 주는 달콤함과 매월 거르지 않고 들어오는 월급에 중독되었기 때문이네.

성공을 가로막는 가장 큰 장애물은 시련이 아니야. '안정'이지. 꼬박꼬박 들어오는 월급은 내 마음속의 절박함을 조금씩 갉아먹는다네. 그렇기 때문에 월급쟁이들이 장사하는 것은 어려워.

공 팀장은 내가 가진 모든 것을 털어 넣은 것이 내일 당장 넘어갈지도 모른다는 절박한 심정을 경험해본 적이 있나?"

"아직 없습니다."

공 팀장은 부끄러운 듯 대답했다.

"그 절박함을 느껴보기 전에는 장사하기 어려워. 그 절박한 심정 덕에 꼬장꼬장하거나 괴팍하기 이를 데 없는 손님에게 웃는 얼굴을 보여줄 수 있는 거야. 정말 잘해준 직원이 연락도 없이 그만두어도 감정을 조절할 수 있는 거고. 언제나 사장 마인드로 일한다는 건 그런 거야."

김 사장님은 같은 샐러리맨으로 미래 자기 사업을 꿈꾸는 공 팀장이 기특했던지 조곤조곤 잘 이야기해주었다.

"내가 영어를 지금처럼 별 불편 없이 말하게 된 것도 예전 직장에서 사장 마인드로 지냈기 때문이야."

김 사장님은 자신이 사업하는 데 큰 도움이 되었던 게 영어라고 했다. 그는 영어를 전공한 것도 아니고 어학연수도 가본 적이 없다. 다만 예전 완구회사에 다닐 때, 언젠가는 세계를 주름잡는 완구를 개발하고 그것을 팔아내겠다는 결심으로 짬짬이 독학으로 영어공부를 했다. 차를 타고 이동할 때는 아무리 피곤하고 힘들어도 영어 테이프를 틀어놓고 다녔다. 그렇게 악착같이 하다 보니 김 사장님의 영어실력은 일취월장했고 해외 바이어들을 만날 때도 위축되지 않고 어려움 없이 대화할 수 있었다.

"직장에 다닐 때 영어공부를 열심히 해야겠다고 마음먹었지. 이유는 간단했어. 만약 내가 영어를 못하면 해외 바이어와 거래할 때 영어 잘하는 직원을 따로 둬야 할 것 같았거든. 그 비용이라도 아껴야 창업해서 오래 버틸 수 있을 것 같더라고. 하하하."

김 사장님의 '사장 마인드로 산다는 것'에 대한 이야기는 계속 이어졌다.

"직장에 다닐 때는 단 한 번도 결근한 적이 없어. 몸이 아파 열이 40도까지 올라도 일단 사무실에 출근했다가 병원으로 갔지. 사장은 아플 수도 없어. 일이 걱정되니까. 내 눈으로 봐야 직성이 풀리니까 결근을 할 수가 없는 거지. 사장이 되면 저절로 사장 마인드로 살게 돼. 왜냐하면 그렇게 안 하면 망하니까. 정말 중요한 건 공 팀장처럼 월급쟁이가 사장처럼 살 수 있느냐는 거야. 그러면 사장이 되어서도 실패를 안 하지. 사장 마인드가 되면 '내일 하자.'라는 생각이 '지금 당장 하자.'로 바뀌게 돼. 내일까지 기다릴 수가 없는 거야.

　이런 우스갯소리가 있지. 사장이 금요일 저녁에 직원을 불러서 무언가 조사하라는 업무를 시켰다는 거야. 그리고 월요일 아침에 그 직원을 불러서 다 됐냐고 물어봤다는 거지. 직원은 어이없어하며 조사할 시간이 없었다고 했어. 하지만 사장 입장에서 보면 토요일과 일요일 이틀이나 시간이 있었는데 왜 못했는지 모르겠는 거야. 그게 직원과 사장의 차이점이야. 사장 마인드로 사는 사람은 달라. 그래서 성공할 수밖에 없는 거고."

　회사에서 교육받을 때 늘 듣던 '주인의식'이 아마 김 사장님이 말하는 '사장 마인드'일 것이다.

　"사장 마인드로 사는 사람은 '신용'도 믿을 만해. 어떤 사소한 변명이나 거짓말도 안 하게 되지. 사업의 생명은 '신용'이야. 그건 공 팀장도 알지? 월급쟁이 마인드로는 그때그때 난처함에서 벗어나고 싶어 변명도 하고, 거짓말도 한단 말이야. 기한을 어기는 경우도 많고 말이지. 하지만 내가 사장이다, 내가 이 회사의 주인이다 생각하면 그럴 수가 없어. 내가 샐러리맨에서 사업가로 변신할 수 있었던 건 월급쟁이 시절부터 사장 마인드를 가지고 일했기 때문일세."

김 사장님과의 만남은 공 팀장에게 아주 유익했다. 특히 월급을 받으며 사는 삶의 안락함에 대해 깊이 생각해볼 수 있었다. 슈퍼리치들은 바로 그 안락함을 버릴 것이라 각오했기 때문에 지금의 자리에 오를 수 있었으리라.

장돌뱅이 출신 류진만 사장님의 습관
일단 무조건 적어라

"경남 두메산골에서 농사를 짓는 부모 밑에서 자랐지. 농사만 지어서는 평생 시골에서 가난하게 살아야 할 것 같았어. 그래서 피가 끓었던 20대에 무작정 상경했지."

아담한 6층 건물의 사무실. 작은 키에 다부진 모습의 류진만 사장님은 에스티 듀폰 등 해외 명품 수입업체를 포함하여 몇 개의 업체를 운영하고 있으며, 총 매출만 2,000억대가 넘는다. 공 팀장은 류진만 사장님께 어떻게 사업을 시작하게 되었는지 물었다.

"그저 생존을 위해 하루하루 최선을 다해야 하는 날들이었어. 남보다 한 발자국이라도 더 뛰려고 했지. 그게 내가 남보다 뛰어날 수 있는 유일한 방법이었으니까."

류 사장님은 시골에서 상경한 뒤 동대문에서 장돌뱅이로 장사를 시작했다. 시골에서 혈혈단신으로 서울에 올라와 보니 아무런 연고도 없었고, 믿을 것이라곤 자신의 맨몸 하나뿐이었다. 류 사장님은 동대문에서 닥치는 대로 일을 시작했다고 했다. 그 당시 류 사장님의 소원은 오직 하나, 단 1평이라도 내 명의로 된 가게를 가져보는 것이었다. 워낙 성실했던 터라 2년 정도 열심히 하자 제법 종잣돈이 모였다.

"내가 원래 좀 우직해. 나랑 비슷한 시기에 장돌뱅이를 시작했던 동료는 모두 서너 달 하다가 그만뒀지. 약간만 돈이 모이면 도박을 하는 녀석이나 술집을 드나든다 하는 녀석들은 말할 것도 없지만, 꽤 성실해 보이는 친구들도 1년을 넘기지 못했어. 그 무렵 2년여를 일해서 종잣돈을 모은 사람은 나뿐이었지."

하늘은 원래 스스로 돕는 자를 돕는 법. 2년 정도 우직하게 일하자 그에게도 기회가 왔다. 마침 시장의 큰손 박 회장이 가게 4개를 처분했던 것. 류 사장님은 그중에서 상권이 죽어 제일 헐값에 처분된 가게를 인수했다. 류 사장님은 그 가게를 인수하면서 동대문에서 가장 큰 가게로 키우리라 마음먹었다. 그리고 바로 그때부터 그를 슈퍼리치로 만든 필살의 습관이 하나 몸에 배게 됐다. 바로 메모습관이다.

"시골에서 농사를 지으며 썩어 지낼 때도 사법고시라도 볼 생각으로 육법전서를 본 적이 있어. 그걸 다 외울 정도로 머리는 좋았다고 봐야지, 허허. 하지만 기억력이라는 것이 한계가 있더군. 특히 장사할 때는 더 그래."

그 당시 류 사장님은 시장 단골상인에게 잡화를 대주는 사업을 했는데, 거래처가 늘어날수록 일일이 거래처의 특징과 물건 공급 수량, 배달약속일 등을 꼼꼼하게 챙기기가 어려워졌다고 했다. 그도 그럴 것이 5평 남짓한 가게가 50평대로 늘어나면서 단골상인들에게 공급하는 물건이 증가하자 주먹구구식으로 머리에만 의존하는 영업은 무리였던 것이다.

아무리 단골이라지만 제때 물건을 공급하기로 한 약속이 펑크 나면, 관계를 오래 유지하기 어려운 법이다. 류 사장님도 몇 번 중요한 약속을 깜빡하는 실수를 범한 후로 자신만의 메모습관을 만들어냈다.

"포스트잇이 좋더군. 처음에는 메모지에 써서 스카치테이프로 붙였는데 포스트잇이 나오면서 너무 편해졌어. 하하."

류 사장님이 만면에 미소를 지으며 자신의 책상을 가리켰다. 류 사장님의 책상 앞에는 노란색 포스트잇이 빼곡하게 붙어 있었다.

"아침에 조금 일찍 출근해서 그날 할 일을 시간별로 포스트잇에다가 붙인다네. 장사할 때 각각의 거래처에 보낼 물건과 수량, 배달일 등을 붙여놓았던 방식이지. 요즘은 휴대전화로 일정을 관리한다고 하는데, 난 아직 직접 적는 게 편해. 그리고 이렇게 붙여놓으면 이 앞을 지나다니는 한 반드시 메모를 보게 되어 있어. 강제적으로 나에게 환기시켜주는 거지. 메모란 거 말이야, 아무리 적어놓아도 그걸 다시 들여다보는 걸 잊어버리면 말짱 꽝이야. 차라리 메모를 안 하느니만 못 하지."

공 팀장은 이 대목에서 얼굴이 붉어졌다. 공 팀장은 최신형 스마트폰에 틈나는 대로 메모하지만, 류 사장님의 이야기대로 그렇게 메모한 것을 다시 꺼내보는 경우가 많지 않았다.

"실시간으로 메모하지만 일과가 끝나 퇴근하기 전에 10분 정도 그 메모들을 수첩에 꼼꼼하게 옮겨 적는다네. 이것이 나만의 비법이지."

류 사장님은 그날의 일을 한 가지씩 포스트잇에 적어 수행하지만, 메모를 꼼꼼하게 다 실행한 후에도 그날 연기된 약속이나 실행한 약속 메모들을 자신의 수첩에 다시 기록한다는 거였다.

"이렇게 꼼꼼하게 기록하다 보면 말일세, 나 자신을 돌아보고 내 꿈을 돌아보는 값진 시간을 가질 수 있어. 그건 메모가 주는 덤일세."

슈퍼리치의 습관을 훔치다

류 사장님은 양복 주머니에서 자신의 포켓용 수첩을 꺼내어 공 팀장에게 보여주었다. 빛바랜 수첩은 그야말로 빼곡하게 그날의 일정, 중요한 약속 등이 노란색, 빨간색 형광펜으로 색칠까지 되어 있었다.

공 팀장은 일전에 어느 책에서 김문수 경기도지사의 메모습관을 읽은 적이 있다. 그는 무슨 일이든 삼색 볼펜으로 다이어리에 기록한다고 한다. 초등학교 때의 일기부터 도지사가 된 이후 업무 메모까지, 장소가 마땅치 않으면 바닥에 주저앉아서라도 메모를 한다고 했다. 그리고 중요한 일정이나 꼭 챙겨야 할 일은 빨간색으로 강조해서 잊지 않는다고 했다. 그 대목을 읽으며 정말 지독할 정도라고 생각했는데, 류 사장님의 메모 역시 공 팀장이 보기에도 혀를 내두를 정도였다.

더 존경스러운 것은 그것을 때때로 꺼내본다는 거였다. 그러다 보니 메모 사이사이에 적어두었던 꿈과 목표가 늘 류 사장님의 눈에 보였던 것이다.

"나는 20대 중반부터 수첩에 사업 구상을 메모해놓았었지. 지금의 회사 이름도 그때 생각해낸 거라네."

류 사장님은 사업 초기에 사훈을 정하고 회사 로드맵까지 적어두었던 수첩을 꺼내 보여주었다.

"사업이란 게 그렇지. 동네 구멍가게를 하더라도 머릿속에 명확한 사업 구상이 있어야 한다네. 사업에서 대충이란 있을 수 없는 일이니까. 오늘 잘나가더라도 방심하면 한순간에 망해서 내일은 손가락질 받는 처지가 될 수도 있지. 그게 사업이야. 난 수첩에 내 사업에 대한 꿈과 구상을 적으며 늘 그것을 선명하게 머릿속에 유지하려 했지. 그게 날 여기까지 이끌고 온 거 같아."

그는 끊임없이 적으면서 자신을 성장시켰고, 끊임없이 적으면서 위기를 돌파했으며, 끊임없이 적으면서 꿈을 이뤘다. '적사생존'. 류 사장님은 쉼 없이 적고, 그것을 다시 리마인드해서 삶에 적용하는 습관을 알려준 것이다. 공 팀장의 수첩에는 또 하나의 습관이 기록됐다.

금융투자의 달인 안영신 이사장님의 습관
돈을 1원 단위로 생각하라

"이사장님은 회의 중이시니 잠시만 기다려주세요."

공 팀장이 만나기로 한 안영신 이사장님의 집무실에 도착하여 소파에 앉자 비서는 시원한 음료수 한잔을 내왔다. 그러고는 옆에 있는 선풍기를 틀어줬다. 한여름임에도 집무실 한쪽에 있는 에어컨은 조용하고 대신 선풍기 날개가 드륵드륵 소리를 내며 돌아갔다. 방문할 때마다 항상 꺼져 있는 응접실의 에어컨에 공 팀장은 이미 오래전에 적응했지만, 늘 이런 더위에도 에어컨을 켜지 않는 안 이사장님이 대단하다고 생각했다.

"점심때가 다 되었는데 오느라고 고생했어요. 그래 자료는 가져오셨나요? 만기 재예치 상품으로 추천할 만한 좋은 상품이 뭐가 있죠?"

안 이사장님이 소파에 앉으며 말했다. 그녀는 낡은 가방에서 돋보기를 꺼내더니 공 팀장이 만들어온 한 장짜리 상품 제안서를 훑어본다.

"요즘은 금리가 낮아서 영 예금하는 재미가 없어요. 절세도 되고 이율도 높은 그런 상품 없을까요?"

70대 후반의 안 이사장님의 이런 모습을 볼 때마다 공 팀장은 혀를 내두른다. 보통 이 정도 나이면 여유롭게 시간을 보내면서 안락한 노후를 생각함직도 한데 안 이사장님은 웬만한 젊은이보다 더 왕성하게 활동하는 것 같다. 기억력도 정말 놀라울 정도로 좋았다. 안 이사장님의 통장 만기가 어제였다는 것도 아침 일찍 전화를 받고 알게 되었다.

'수십억 원씩 들어 있는 통장도 여럿인 분이 어쩌면 푼돈처럼 느껴질 수도 있는 1,000만 원 정기예금의 만기일까지 정확하게 챙길 수 있는 걸까?'

나름대로 꼼꼼하게 VVIP들의 자산을 관리해서 실력을 인정받은 공 팀장도 어제처럼 만기를 체크 못하는 날이 가끔 있다. 그런데 안 이사장님은 5년 동안 단 하루도 만기를 놓쳐본 적이 없었다. 그리고 보면 슈퍼리치들은 만기를 놓치는 경우가 거의 없는 것 같다. 물론 공 팀장 같은 PB에게 관리를 맡겨서이기도 하지만 슈퍼리치들은 정기예금 같은 상품의 만기가 언제인지 잘 챙기는 게 분명하다. 그건 공 팀장이 일선 지점에 근무할 때 느꼈던 것과 정반대였다.

지점의 상품판매 창구에서 근무할 때 보면 몇백만 원을 넣어놓고도 만기를 몇 개월 지나서 찾으러 오는 고객이 부지기수다. 그런 고객을 보면 공 팀장은 자신의 돈인 것처럼 안타까웠다. 사실 만기가 지난 상품의 이자는 대부분 1퍼센트 미만이다. 만기가 지난 통장을 다른 상품으로 갈아타기만 해도 3~4퍼센트의 이자를 받을 수 있기 때문에 그대로 방치하는 것은 엄밀히 말하면 돈을 버리는 것이나 다름없다. 공 팀장은 안 이사장님을 보면서 슈퍼리치와 일반인의 차이는 이런 사소한 데 있는 것 아닌가 하는 생각이 들었다.

슈퍼리치들은 시간을 분 단위로 나눠서 쓰는 것처럼 돈을 대하는 단위도 달랐다. 일반적인 예상과는 달리 돈을 대하는 단위가 더 작았다. 지점에서 일할 때 보면 일반인이 돈을 세는 단위는 절약과 저축이 몸에 밴 몇몇을 제외하고는 대부분 5,000원에서 1만 원 단위다. 돈의 단위가 5,000원 미만이라면 크게 신경쓰지 않는다. 좀 놀라웠던 건, 1,000원 단위 미만의 금액에 대해 이야기하는 것을 겸연쩍어한다는 거였다. 잔돈을 내드릴 때 지폐만 가져가고 500원짜리 동전은 못 보고 그냥 가는 경우도 있었다. 반면에 슈퍼리치들은 1원 단위로 계산한다. 그들은 공 팀장에게 10만 원짜리 저녁식사를 아낌없이 베풀 수 있어도 아무 이유 없이는 1원은 절대로 손해 보고 싶어 하지 않는다. 그래서 그들은 만기일도 칼같이 관리하는 것이다.

PB센터에서 자산관리를 하며 가장 많이 놀란 것은 일반인과 달리 슈퍼리치가 보기에는 적은 금액인 난돈 몇백만 원도 만기가 되면 하루 전에 전화하거나 내점을 약속한다. 그 치밀함과 꼼꼼함에 깜짝 놀라기도 했다.

그들은 자신의 돈을 매우 소중하게 다룬다. 무작정 구두쇠처럼 아끼는 것이 아니다. 그들은 돈을 꼭 써야 한다고 생각할 때는 정말 과감하게, 아낌없이 쓴다. 그러나 그렇게 쓰는 돈은 분명한 이유가 있다. 내가 좋아하는 사람을 대접하기 위해서, 내 사업을 위해서, 내 인생의 행복을 위해서 등의 분명한 이유가 있을 때 그들의 지출은 과감해진다. 반면에 누군가의 강요에 의해서 돈을 지출해야 하거나, 불분명한 이유로 지갑 열기를 강요당하면 그들은 아주 단호하게 거절한다. 공 팀장이 PB센터에서 슈퍼리치들을 관리하면서 가장 먼저 몸에 익힌 습관이 바로 만기통장을 철저하게 관리하는 습관이다.

"공 팀장 제안대로 저축보험에 조금 투자해보는 게 좋겠어요. 내가 다음 주 월요일 오후 2시쯤 지점으로 방문할 테니 제안한 상품으로 가입 준비를 해주세요."

안 이사장님이 미소를 지으며 그렇게 말했다.

"사실 이사장님의 금융자산에서 비과세 혜택을 받을 수 있는 보험상품이 너무 없었는데 드디어 오늘 결정하셔서 다행이네요. 감사합니다."

공 팀장이 밝게 웃으며 일을 마무리 지었다. 생각보다 빨리 업무가 끝나자 공 팀장은 남은 시간 동안 안 이사장님의 돈관리 비법에 대해 듣고 싶다는 생각이 불쑥 들었다. 마침 예정보다 한 시간 일찍 업무가 끝났기에 안 이사장님도 별다른 약속이 없어 보였다. 그래서 공 팀장은 그녀에게 제안했다.

"이사장님, 점심 아직 안 하셨죠? 저와 점심을 같이하시는 게 어떨까요? 이사장님께 일 이야기와 돈 이야기도 좀 듣고 싶고요."

다행히 안 이사장님은 호탕하게 웃으며 허락했다.

"하하, 제안한 상품을 신경 써서 검토하느라 그랬는지 배가 고프네요. 그래요. 점심이나 들고 가죠."

안 이사장님은 밖에 소나기가 내리고 있으니 오늘은 그냥 평소 자신이 자주 먹는 것으로 하자고 했다. 공 팀장은 고급 일식 도시락 정도가 아닐까 내심 기대했는데, 비서가 가져온 점심은 김밥 두 줄과 물 두 잔이었다.

"김밥이라 좀 실망한 표정인데요? 하하. 공 팀장이 일 이야기, 돈 이야기를 들려달라고 해서 일부러 이걸 택하기도 했지만, 사실 난 이 김밥 한 줄이면 맛난 점심이 돼요. 돈의 많고 적음이 한 끼 식사의 금액을 다르게 한다는 생각부터 버려야 돈이 모인다는 것을 공 팀장께 들려주고 싶기도 했고요."

그렇게 김밥 한 줄씩을 점심으로 먹으며 안 이사장님이 들려준 이야기는 공 팀장에겐 충격적이었다.

"돈은 말이죠, 생명체랑 비슷해요. 소중하게 생각해주는 사람에게 더 많이 달라붙는 게 돈이지요. 소중하게 생각한다는 걸 무조건 아끼고 안 쓰는 것으로 오해하지는 마요. 소중하게 생각한다는 건 돈의 사용에 정성을 들인다는 의미에요."

"정성을 들인다고요?"

"그래요. 내 지갑을 한번 봐요. 어때요? 돈이 1,000원권, 5,000원권, 1만 원권, 5만 원권, 수표 이렇게 잘 분류가 되어 있죠? 그리고 지폐의 인물이 모두 같은 방향이고 인물의 머리도 지갑 밑으로 가도록 가지런히 되어 있을 거예요. 한번 확인해봐요."

안 이사장님이 보여준 지갑 속은 정말 깔끔하게 정리되어 있었고, 그녀가 말한 대로 지폐가 가지런히 꽂혀 있었다. 공 팀장은 그 지갑을 보자 안 이사장님이 돈에 정성을 들인다는 표현이 무얼 의미하는지 금세 알 것 같았다. 그러면서 자신의 지갑을 떠올려봤다. 언젠가 다른 슈퍼리치 고객에게 들은 대로 공 팀장도 나름 지갑을 잘 정리하고 있었지만 현재 내 지갑에 몇 장의 지폐가 있는지, 총 얼마가 있는지는 기억하지 못했다. 그러고 보니 지갑 정리를 권했던 고객은 아주 꼬깃꼬깃한 지폐가 손에 들어오면 지폐의 네 귀퉁이를 모두 펴고 다리미로 다리기까지 했다고 이야기한 기억이 있다.

"언젠가는 사업을 하고자 한다고 했지요? 그래, 거기서부터 이야기하지요. 사업을 하든 투자를 하든, 부자가 되려면 흔히 말하는 '종잣돈'이 있어야 해요. 그런데 '종잣돈'을 마련하는 방법은 '절약밖에 없죠. 누군가가 투자한 돈으로 하면 된다는 안일한 생각은 하지 마요. 그런 돈은 공 팀장 주변에 오래 머물지 않아요. 어쨌든 그렇기 때문에 누구든 부자로 살 생각이 없다면 굳이 1원 한 푼을 아끼며 종잣돈을 모을 필요는 없어요. 나는 1만 원으로 그 과자를 사서 온 가족이 맛있게 먹는 것에 행복을 느낀다면 그 돈을 응당 그렇게 써야 한다고 생각해요. 그러나 하루라도 빨리 종잣돈을 모아 내 사업을 하고 싶고 그것을 통해 부자가 되고 싶은 사람이라면 1만 원이 아니라 1원부터 아껴야 하는 거예요."

"······!"

안 이사장님의 이야기가 이어졌다.

"나는 고향에서 어머니가 부쳐준 학비와 용돈을 조금씩 저축해서 사업을 위한 종잣돈을 모았어요."

'안 이사장님의 어마어마한 자산이 고작 학비와 용돈에서 시작되었다니······.'

공 팀장은 눈이 커졌다.

"요즘 사람들은 몇 천 원부터 모으는 것을 견디지 못하는 것 같아요. 그렇게 1,000원씩 모아서 언제 1억 원을 벌고 언제 부자가 되냐고 말이죠. 그렇지만 장담하건데 그런 친구들은 부자가 될 수 없어요. 혹시 로또처럼 정말 운 좋게 잠시 부가 머물 수는 있겠지만, 그 부는 그 사람에게 재앙이 될 거예요."

누구나 알고 있을 법한 이야기지만 안 이사장님의 입으로 듣는 이야기는 무게와 깊이가 있었다. 본인의 경험이 담겨 있었기 때문이다. 공 팀장은 PB센터에서 근무하며 만난 수백억 자산가가 타 은행에 돈을 송금할 때 드는 ATM 수수료를 아끼기 위해 근처 은행을 직접 찾아가는 경우도 많이 봤다.

"기억하세요. 사업을 하고 싶고 부자가 되고 싶다면 종잣돈을 모아야 하고, 종잣돈을 모으는 방법은 '절약'뿐이란 걸 말이죠.

그런데 거기에 덧붙여 내가 조언하고 싶은 건, 돈의 단위를 작게 하면 돈이 금방 모인다는 거예요. 한마디로 푼돈이 큰돈을 만든다는 거죠. 공 팀장도 눈치챘겠지만 무심코 머릿속에 돈의 단위를 크게 잡아놓으면 그 단위 밑의 돈은 낭비하기 쉬워요. 만약 돈의 단위가 1만 원이라면 몇백 원 동전은 집안 곳곳에 굴러다닐 거예요. 중요하게 생각하지 않으니까 줄줄 흘리고 다니는 거죠. 또 돈의 단위가 10만 원이라면 그 사람은 1~2만 원을 빌려서 갚지 않는 것을 예사롭게 할 거예요. 본인의 머릿속에서는 1~2만 원을 빌려 쓰는 거나 100~200원을 빌려 쓰는 거나 다르지 않을 테니까 말이지요. 종잣돈을 모으려면 돈의 단위를 1원 단위로 낮춰야 해요. 그러면 저절로 돈이 모일 거예요."

머릿속 돈의 단위를 1원 단위로 낮춘다. 일전에 '약속시간 15분 전에 약속장소에 도착하는 습관'을 알려준 김 회장님이 시간을 절약하는 방법과 같았다. 김 회장님은 시간을 아껴 쓰려면 1분 단위로 사고하라고 했었다. 그러면 1~2분으로 쪼개진 자투리 시간을 요긴하게 활용할 수 있을 거라고 했다. 지금 안 이사장님의 이야기도 똑같다. 돈을 1원 단위까지 생각한다면 가게에서 거스름돈으로 받은 몇백 원의 돈도 차곡차곡 모으는 대상이 될 수 있다.

"그렇게 1원 단위로 생각하는 습관을 들이면, 돈에 대한 조바심도 줄어들고 돈을 아주 정성스럽게 대할 수 있어요. 종잣돈은 거기서부터 시작하는 거죠. 그게 내 비결입니다. 의외로 간단하죠."

바깥의 소나기가 멎었다. 아쉽지만 이제 일어나야 할 시간이다. 공 팀장은 지난번 받은 서류에서 날인이 하나 빠져 있다는 것을 안 이사장님에게 알리고 날인을 부탁했다. 안 이사장님은 낡은 도장보관집에서 손때 묻은 목도장을 천천히 꺼냈다. 그는 공 팀장이 사은품으로 나온 새 도장보관집을 가져다줄 때마다 한결같이 손사래를 치며 거절했다.

"지금도 말짱하게 쓸 수 있는데 뭘. 차라리 다른 고객에게 주세요."

안 이사장님과 헤어져 지하철 타는 곳까지 왔을 때도 여전히 그녀의 목소리가 귓가에 남았다.

"부자가 되는 원리는 똑같아요. 버는 돈보다 쓰는 돈이 적으면 돈은 반드시 모이죠. 그렇게 알뜰하게 모은 돈을 돈 되는 곳에 투자하면 부자가 되지요. 그 이상도 그 이하도 없어요."

공 팀장은 10년 된 자동차를 바꾸려던 계획을 수정해야겠다고 마음속으로 다짐했다. 안 이사장님의 낡은 도장보관집, 그것은 안 이사장님이 종잣돈을 모으며 몸에 익힌 절약습관의 상징이었다. 그 정도의 절제와 절약이 없다면 슈퍼리치가 되는 길은 요원하다는 생각이 들었다.

'아내 말대로 10년 된 차지만 아직 얼마든지 탈 수 있어.'

공 팀장은 10년 된 자동차가 앞으로도 오랫동안 가족의 발이 되어줄 것 같았다. 공 팀장은 저도 모르게 씩 웃으며 지하철에 몸을 실었다.

부동산 거부가 된 강기동 사장님의 습관 ①

남의 능력을 캐치하고 그 능력을 빌려라

공인중개사 사무실 문이 열리더니 강기동 사장님이 들어왔다. 어렸을 때 소아마비를 앓은 탓에 강 사장님은 살짝 다리를 전다. 그래도 좀처럼 늦은 적이 없었는데 오늘은 조금 약속시간에 늦었다.

"공 팀장, 오래 기다렸지. 세무사와 함께 오느라 좀 늦었어."

강 사장님이 손수건으로 이마에 땀을 닦으며 자리에 앉았다.

오늘은 공 팀장이 강 사장님에게 소개한 대학교 앞 원룸을 매매하는 날이다. 공 팀장은 기존의 슈퍼리치 중 한 분께 강 사장님을 소개받고, 벌써 5년째 강 사장님의 자산을 관리하고 있다. 강 사장님이 보유한 부동산 중 가치가 떨어지는 물건을 처분하고 다른 부동산을 찾으려 하자 공 팀장은 대학교 앞 원룸 중 가격이 잘 맞는 물건을 강 사장님께 소개한 것이다. 그게 2주 전이었는데, 오늘이 바로 매매 계약을 맺는 날이다.

마지막 담판도 잘 처리되어 강 사장님은 매도인에게 애초 매수하기로 한 가격보다 1,000만 원 정도를 얹어서 지급하고 계약을 마무리 지었다.

계약을 마치고 차나 한잔하자는 강 사장님의 제안으로 그의 사무실로 향했다. 아버님의 유훈을 받들어 부동산업에 전념해온 강 사장님은 단 한 번도 부동산 거래에서 손해를 본 적이 없다. 철저한 사전분석과 꼼꼼한 실행력 덕분이었다. 투자에 실패한 듯 보일 때도 강 사장님은 섣불리 팔아치우는 대신 철저히 계산한 뒤 기다림을 선택해 결국 손해 보지 않고 투자를 성공으로 이끌었다.

그런 강 사장님은 공 팀장을 무척 좋아해 틈나는 대로 부동산을 관리하고 챙기는 방법을 들려주곤 했다. 그래서 공 팀장은 이번에도 기대가 컸다. 사무실에 마주 앉자마자 공 팀장이 물었다.

"사장님, 아까 계약하실 때 왜 당초 약속한 금액보다 웃돈을 얹어서 계약하셨지요? 팔려는 사람도 자금이 급해서 원래 가격으로 산다고 해도 결국 팔았을 것 같은데요."

강 사장님은 빙긋이 웃으며 답했다.

"부동산이란 게 산 사람도 잘되어야 하고, 판 사람도 좋아야 하는 거야. 나는 기존 부동산을 처분하고 그 원룸을 꼭 사고 싶었어. 말은 안 했지만 자네한테 그 원룸을 소개받고 하루에도 수십 번 컴퓨터로 물건을 확인하고, 몇 번이나 현장에 다녀왔는지 몰라. 그런데 보면 볼수록 그 원룸이 사고 싶더라고. 나는 부동산을 살 때 그렇게 철저하게, 꼼꼼하고 치밀하게 매물을 검토한다네. 왜 저렇게 미적거리나 싶을 정도로 말이지. 계약을 위해 2주나 걸린 건 그냥 바빠서 시간을 흘려보낸 게 아닐세. 내 나름대로는 그 원룸의 현재 가치와 미래 가치를 따져보느라 그린 거야. 그렇게 조사해서 막상 계약에 들어갈 때는 내가 약간 손해 본다는 느낌으로 추진한다네. 계약이란 상대적이어서 상대방이 조금이라도 마음을 바꾸어버리면 아까운 물건을 살 도리가 없으니 말일세. 나는 내가 생각한 가치보다 밑도는 금액으로 안전하게 사서 좋은 거고, 부동산을 파는 사람은 급해서 손해 보고 파는 것 같다가 1,000만 원을 얹어주면 기분 좋게 계약을 마무리 지을 수 있지. 윈윈인 거야."

'계약은 인간과 인간이 하는 거라, 파는 사람이 조금만 꺼림칙해도 판이 크게 바뀔 수 있다.'는 뜻인 것 같았다. 공 팀장은 고개를 끄덕였다. 그때 강 사장이 덧붙였다.

"아까 물건을 팔 사람과 서로 연락처도 나눴고 앞으로도 간혹

교류하기로 했네. 분명히 내게 좋은 부동산을 급매물 가격으로 내놓는 사람들을 많이 소개해줄 걸세. 거래는 이렇게 하는 거야. 이익을 베풀면 분명 사람들은 그 대가를 지불한다네. 자신이 의식하건 의식하지 않건 말이지."

슈퍼리치들은 바둑으로 치면 몇 수 뒤까지 수를 읽는다. 공 팀장은 일전에 수천억 원 대의 주식투자 고수를 만나서 비슷한 이야기를 들었다. 그는 작게는 몇십억 원, 많게는 몇백억 원의 주식을 사고팔 때도 HTS라고 불리는 인터넷 프로그램을 이용하지 않고 창구직원에게 전화로 지시한다. 온라인 매매가 아닌 영업점 매매를 선택한 건데, 그러면 수수료만 10배를 더 내야 한다. 100억이면 5,000만 원 수준이다. 공 팀장은 그에게 왜 500만 원 정도면 충분할 거래수수료를 10배 가까이 주느냐고 물었다.

"아뇨, 그건 그렇지 않아요. 두 가지 이유가 있습니다. 우선 영업장거래를 하면 내가 매우 신중해질 수 있어요. 아무래도 수수료가 크기 때문에 사고팔기를 덜 하게 되거든요. 거기다가 온라인 매매를 얼마든지 할 수 있는 제가 영업점매매를 한다는 걸 증권사 지점장과 직원들이 잘 아니까 내게 무척 잘해줘요. 그래서 그들의 능력을 빌릴 수 있습니다. 기업분석을 부탁하면 최고의 직원들이 척척 조사해서 가져다주지요. 내가 그 지점의 VVIP이기 때문에 가면 언제든 환영받아요. 심심하지도 않습니다. 음료나 커피도 잘 줘요. 필요하면 그 지점 자산의 골프장에서 부킹도 할 수 있고요. 고맙게도 넓지 않지만 지점 한쪽에 전용 사무실도 마련해주었습니다. 물론 신문과 잡지도 넣어주고요. 지점장이 종종 골프도 같이 쳐주며 고급정보도 건네줍니다. 그 정도면 수수료 비용은 뽑고도 남습니다."

부동산 계약 전에는 누구보다 꼼꼼하고 치밀하게 매수할 부동산을 검토하지만 계약할 때는 시원스럽고 통 크게 약간 손해 보듯 계약함으로써 이익을 남기면서도 앞일을 도모하는 강 사장님과 매우 흡사했다.

공 팀장은 다시 한번 슈퍼리치의 '먼저 주는 습관'을 상기했다. 공 팀장이 보기에 슈퍼리치들은 사람을 만날 때 본능적으로 그 사람의 숨은 가치를 알아본다. 그들이야말로 사람을 여러 가지 가치로 판단하는 사람들이어서 글 잘 쓰는 사람, 막노동 인맥이 넓은 사람, 정관계에 발이 넓은 사람 등을 전자계산기를 방불케 할 정도로 정확하게 머릿속에 기억해놓는다. 때때로 점심이나 저녁 술자리도 같이하면서 이런저런 사람들과 인맥을 잘 다져놓는다. 그러고는 어떤 일을 추진할 때 그 일에 적합한 사람의 능력을 빌린다. 중요한 편지를 써야 할 때면 글 잘 쓰는 사람에게 부탁하고, 뭔가 공사를 해야 할 때면 막노동 인맥이 넓은 사람에게 조언을 받는다. 그렇게 각 분야의 전문가들을 사귀어 놓기 때문에 어떤 새로운 영역에 뛰어들더라도 바가지를 쓰거나 사기당할 염려가 없다.

강 사장님이 덧붙였다.

"세상일을 혼자 다 알고 감당하려는 것처럼 무모한 일은 없어. 내가 공 팀장에게 자산관리를 부탁하는 건 공 팀장이 전문가이기 때문이지. 난 부동산을 자문할 사람, 법률을 자문할 사람, 가족 중에 큰 병에 걸렸을 때 조언을 구할 의사 등등을 이런 방식으로 사귀고 있다네. 아주 영악하게 관계를 맺는 게 아니야. 단지 습관이야. 누군가를 만났을 때, 그 사람이 어떤 능력을 가지고 있나를 파악하고 그걸 기억하는 습관 말일세. 그리고 강요하지 않고 그 능력을 빌려달라고 부탁하지. 그러면 백이면 백, 다 그 능력을 빌려준다네. 내가 아주 큰 걸 요구하는 게 아니거든. 내가 어떤 능력을 새로 배우고 알려면 몇 날 며칠이 걸리겠지만, 그 능력을 가진 사람에게는 몇 분만 투자하거나 전화만 두어 번 돌리면 되는 일이 많단 말일세. 그러니 공 팀장도 기억하게. 세상 모든 사람은 저마다 능력이 있네. 그걸 자네가 알아볼 역량만 된다면, 그리고 적절한 때에 그 능력을 기억할 수만 있다면 그건 모두 자네의 능력이 되는 거야. 그들은 얼마든지 빌려주니까 말일세."

그랬다. 슈퍼리치들은 남의 능력을 잘 빌리는 사람이었다. 그리고 그 누구보다 아주 사소한 능력도 잘 찾아내는 사람이었다.

부동산 거부가 된 강기동 사장님의 습관 ②
일과 생활을 통제하라

공 팀장은 강 사장님과 이야기를 나누다 문득 그의 돈관리 습관을 떠올렸다. 그의 돈관리는 아주 꼼꼼하고 치밀했다. 강 사장님은 정기예금에 가입하면 반드시 통장 앞면에 가입금액과 만기일을 네임펜으로 적어놓는다. 또한 적금통장은 적금통장끼리, 정기예금통장은 정기예금통장끼리, 그리고 일반 입출금통장은 입출금통장끼리 통장집에 따로따로 구분해서 보관한다. 아울러 돈관리에 중요한 사항을 적는 작은 수첩을 준비해두고, 예금 만기일과 가입 당시 금리 등을 꼼꼼하게 적어 언제 그것을 들춰봐도 금방 알 수 있게 통장을 관리한다.

"공 팀장, 사실 부동산도 적극적인 리밸런싱(자산 재분배)이 필요하다네."

강 사장님은 공 팀장에게 부동산투자에 대해 이런저런 이야기를 하다 이렇게 말했다.

"부동산도 다른 상품들과 마찬가지로 시간이 지나면 가치가 올라가기도 하고, 몇 년 지나면 가치가 정체되거나 떨어지는 것도 있다네. 그걸 잘 관찰하면서 항상 적극적으로 리밸런싱을 해야 하지. 마치 예상했던 적정수익률이 나는 펀드는 잘 보유하지만 일정 손실이 나거나 예상에 못 미치는 펀드는 유망펀드로 갈아타는 것과 똑같지."

실제로 강 사장님은 자신이 보유한 부동산의 수익률을 매 분기별로 상세히 분석했다. 그 결과 수익률이 5퍼센트 미만으로 떨어지는 부동산은 1차 리밸런싱 대상으로 선정해놓고 대체 부동산이나 투자처를 적극적으로 검토한다고 했다.

"근데 공 팀장, 사실 부동산만 리밸런싱을 하는 게 아니야."

공 팀장은 의아한 표정을 지으며 강 사장님을 바라보았다.

"우리 인생도 끊임없이 리밸런싱을 해야 하는 거라네. 변하지 않는 것은 아무것도 없지. 이건 그냥 내 생각인데 말이야, 내가 부동산도 적극적인 리밸런싱이 필요하다고 강조하는 이유가 뭔지 아나? 그렇지 않은 사람들을 너무 많이 봤기 때문이야. 주변 사람들 대부분은 부동산을 그냥 내버려둔다네. 그러다가 뭔가 호재가 생겨서 가격이 들썩이면 그때 관심을 가지고 좋아하지. 그런 태도는 한마디로 자신의 부동산을 '운'에 맡기는 꼴일세. 물론 운이 좋아 내버려뒀던 토지가 개발되고 몇백억 원씩 토지를 보상받아 부자가 된 사람도 있네. 그러나 그런 '운'은 몇몇 사람들에게만 오는 행운이야. 또 가진 게 너무 많아서 리밸런싱이 귀찮은 일이 되는 사람들도 있어. 뭐 그 사람들 역시 아주 예외적인 사람으로 봐야 해."

강 사장님은 자신의 인생에 대해서도 끊임없이 생각해야 한다고 강조했다.

"요즘은 다들 어렵고 힘들다 보니, 생각 자체를 안 하는 젊은 친구들이 많은 것 같아 안타까워. 그건 말이 안 되는 거야. 돈이나 부동산도 적극적으로 관리하지 않으면 손해를 볼 위험이 큰데 한 번뿐인 자기 인생을 그냥 '어떻게든 되겠지' 하고 방치하면 안 되지. 정말 안타까워. 생각을 하지 않으면 일도 인생도 통제할 수 없어. 그러면 불행해지지."

'통제하지 못하면 불행해진다.' 공팀장은 고개를 끄덕였다. 강 사장님의 말은 계속되었다.

"우리가 사우나에 들어가면 몇 분 정도는 그 안에서 있다가 나올 수 있어. 그런데 누군가가 밖에서 사우나 문을 닫아걸고 그 안에 우리를 가둔다면 견딜 수 없이 괴로울 걸세. 이유는 간단해. 상황을 내가 통제할 수 있으면 우리는 아주 가혹한 일도 행복하게 느낄 수 있어. 42.195킬로미터를 달리는 마라톤을 생각해보게. 취미로 시작해서 '서브 쓰리(아마추어 마라토너가 3시간 안에 풀코스를 완주하는 것)'를 달성하는 사람들이 많지. 그 사람들은 달리는 것을 행복하게 여겨. 스스로 통제할 수 있기 때문이지."

어릴 때 몸이 불편했던 강 사장님에게 선친은 유산으로 작은 땅을 물려주며 한 가지를 강조했다고 했다.

"절대 욕심내지 말고 자신의 손에 쥔 돈 안에서 부동산투자를 해라. 일이든 돈이든 생활이든 스스로 통제할 수 있어야 한다."

강 사장님은 그 유훈을 마음속에 새기고 산다. 15년 전 부동산 붐이 한창일 때 강 사장님은 엄청나게 많은 유혹을 받았다. 은행들은 당장 큰 자금을 빌려준다고 했고, 하루에도 여러 명의 투자자들이 찾아와 부동산을 개발하자고 꼬드겼다. 돌이켜보면 강 사장님이 가진 돈의 몇십 배를 은행대출로 조달해서 부동산을 개발하자는 제안이었는데, 실제로 강 사장님 친구 중에는 그때의 유혹에 넘어가서 사업이 부도나고 실패한 사람이 많다고 했다.

"사업을 하든 무엇을 하든 내가 감당할 수 있는 범위를 벗어나게 되면, 그때는 내 일도 생활도 통제할 수 없게 되고, 내 운명을 내가 결정할 수 없게 되는 거지."

강 사장님은 돈을 통제하기 위해 꼼꼼하게 기록하고 관리한다고 했다. 통장 앞면에 깨알 같은 글씨로 가입금액과 만기일을 적는 것도, 수첩에 꼼꼼하게 예금의 종류와 이자율을 적는 것도 그런 이유에서였다. 아무리 적은 금액이 들어 있는 통장이라 하더라도 세심하게 관리하면 자신도 모르게 큰 이익을 가져다주더라고 했다.

"어떤 일을 하건 꼼꼼하게 검토해서 손해 보는 경우는 없어."

그는 아무리 작은 부동산 거래라도 반드시 자신이 직접 등기부등본부터 입주자 현황까지 여러 번 확인한다고 했다.

"사람들이 왜 돈을 벌려고 하는지 아나? 가만히 생각해보면 내 인생 전체를 사기 위해서야. 내가 좋아하는 일을 하고, 내가 좋아하는 것을 입고, 내가 좋아하는 것을 먹기 위해서지. 아무리 고귀한 일도 남이 시켜서 하면 즐겁지 않기 때문이야.

또 삶을 통제하기 위해서지. 그런데 나 자신의 통제력을 넓히려면 젊을 때부터 생각하는 버릇을 들여야 해. 어떤 대상에 대해 한 번이라도 더 생각하는 것, 그게 그 대상을 통제하는 힘을 주니까. 일을 잘하고 싶나? 일을 관리하고 통제하게. 자유롭고 싶나? 인생을 관리하고 통제하게. 그러려면 무엇이 가치를 가져다주는지 항상 생각해야 해. 항상."

그것이었을 게다. 공 팀장이 슈퍼리치의 습관을 통째로 카피해서 궁극적으로 얻고 싶었던 것, 그것은 '경제적 자유'라고 이름 붙여진 통제력이었을 것이다. 월급쟁이들이 월요일을 끔찍하게 싫어하는 것은 몸이 피곤해서가 아니다. 상사와 회사가 통제하는 평일과 내가 통제할 수 있는 주말의 낙차 때문이다.

"한 살이라도 젊을 때 자유를 누릴 만한 경제력을 만들게나."

상 사상님의 마지막 말이 공 팀장의 가슴을 지그시 누르는 듯했다.

공 팀장은 조용히 중얼거렸다.

"내 삶을 통제하고 싶다……."

월세를 100평 아파트로 바꾼 장희영 사모님의 습관

모든 일에 절대 긍정하라

"이혼하더라도 더 많이 벌어야 남는 것이 있잖아. 한 1,000억 원쯤 벌어놓고 이혼해야 반반씩 나눠도 가질 게 있지. 안 그래요, 공팀장? 호호호."

시원한 바람이 불어오는 노천카페에 앉아 장 사모님은 호쾌하게 웃었다. 장희영 사모님, 그녀는 한마디로 여걸이다.

"30년 전에 영화 소품을 만드는 사무실에서 경리 업무를 보았지. 한 5년 정도 일하다 보니 업무가 파악되고 전체적으로 사업 돌아가는 게 눈에 들어오더라고. 그래서 지금 함께 살고 있는 신랑의 등을 떠밀어 회사에 사표를 던지게 했지."

장 사모님은 그렇게 30년 전에 조그만 영화 소품 업체로 본인의 사업을 시작했다. 결혼한 지 몇 달 안 된 신혼부부였고 코딱지만 한 월셋집에서 살 때였다.

"무서웠지. 남편 등 떠밀어 회사를 그만두게 하면서도 내가 잘하는 건가 싶은 마음도 조금은 있었고……. 하지만 업무를 훤히 꿰고 있다는 자신감 말고도 난 분명히 잘될 거라는 강력한 믿음이 있었어. 뭘 하든 그 회사에 계속 다니는 것보다야 낫기도 했고."

당시 소품 업체의 매출은 꽤 짭짤했다. 하지만 사장은 어디다 그렇게 돈을 쓰는지 말도 안 되는 돈을 뭉텅이로 집어갔고 그 덕에 직원들 월급을 제때 못 주는 경우도 허다했다. 경리를 맡고 있던 장 사모님이 보기에 그 회사는 흥청망청하는 사장 때문에 몇 년을 다녀도 월급이 오를 것 같지 않았다. 아무런 비전이 없는 회사였다.

"다행히 사표를 내고 나온 지 몇 달 안 되어서 그동안 받던 월급의 세 배 정도 수입을 올리게 됐지."

장 사모님은 당시를 회상하며 옅은 미소를 지었다.

그다음에 그녀가 뛰어든 일이 부동산투자였다. 장 사모님은 하면 제대로 한다. 그녀는 주말이면 작은 떡을 여러 개 준비해서 공인중개사 사무실로 찾아갔다고 했다. 커피도 뽑아다 주고 떡도 돌리며 공인중개사 사무실에 드나드는 사람들과 무척 친해졌다. 사무실 한쪽에서 찾아오는 손님과 말동무도 하고 챙겨간 떡도 주고 하는 사이에 행운이 찾아오더라고 했다. 어느 날 친하게 지내던 공인중개사 사장님이 장 여사님을 아주 급히 찾더라는 것이다.

"그래서 서둘러 사무실로 갔더니 좋은 위치의 단독주택이 급매물로 나와 있었던 거야. 그동안 공인중개사 사무실에서 이리저리 배운 지식으로 봤을 때 이만저만 싸게 나온 게 아니었던 거지. 계산해보니 대출을 조금만 받으면 그동안 모은 종잣돈으로 살 수 있겠더라고. 그래서 그 자리에서 덜컥 계약했지. 내가 좀 간이 커요."

장 사모님이 집에 와서 그 이야기를 남편에게 하자 꼼꼼하고 소심한 남편은 무척 언성을 높였다 한다. 집을 통째로 들어먹을 여자라는 것이었다. 통 크고 실행력 강한 장 사모님도 밀리지 않았다. 이후로도 장 사모님 내외는 장 사모님의 화통한 성격과 옳다 싶으면 불도저처럼 밀고 나가는 성격 탓에 비슷한 문제로 심심찮게 부부 싸움을 벌이게 됐다. 그때 생긴 말버릇이 "이혼하더라도 재산을 불려서 반으로 나누면 좋은 거 아니냐."라는 것이다. 농담처럼 하던 말이 입에 붙게 됐다.

공 팀장이 계약에 대해 조금 더 자세히 이야기해달라고 부탁을 했다.

"사실 그때 남편이 화를 낼 만했던 게 조금 위험하긴 했어. 그

단독주택 옆에 작은 공터가 있었는데 그게 매물로 나와 있었는데다가 그 옆에 빌라 하나가 근저당권이 복잡하게 얽혀 있는 건물이었지. 그것도 같이 매입하려고 했던 거야. 그 세 매물을 합하면 빌딩을 하나 올릴 정도의 대지라 돈이 될 것 같더라고."

공인중개사 사무실에서도 쉽지 않다고 고개를 저었지만 장 사모님의 생각은 달랐다. 남들이 하기 부담스러운 곳에 기회가 있고 돈이 있기 때문이었다.

"긍정적으로 생각하고 행동하는 습관은 정말 놀라운 결과를 만들지."

공인중개사조차 고개를 흔들었던 매물을 장 사모님은 포기하지 않았다. 세무사와 변호사의 조언을 듣고 등기부 등본을 떼어 근저당권 설정자를 찾아가 담판을 지었다. 집이 경매로 넘어가면 어차피 당신도 손해를 보니 내가 그 집을 사주겠다며 설득했다. 결국 2명의 근저당권 설정자와 합의하고 옆 건물을 매입하는 데 성공했다. 결과는, 2년이 채 안 되어 땅값이 5배나 올랐다. 2년 만에 2억 이상의 돈을 번 것이다.

"잠깐만. 내가 이 책을 10번도 넘게 읽었어. 밑줄을 보면 노란색도 있고 검은색도 있지? 이게 5번째 책이야. 읽다가 같이 있던 사람이 달라고 해서 건네주다 보니 5번째 책이 됐네. 주변에 선물도 많이 했고."

장 사모님이 들고 온 책은 '간절히 원하면 이루어진다.'라는 내용을 담은 『시크릿』이었다.

공 팀장은 좀 냉소적으로 물었다.

"그냥 간절히만 원하면 이루어지던가요? 그런 식이라면 아무도 성공 못 할 일이 없을 텐데요."

그러자 장 사모님이 여걸처럼 껄껄 웃다가 말했다.

"예전에 우리 할머니께서 그러셨어. 기독교 신자셨는데 내가 꼭 지금 공 팀장처럼 물었지. 하나님한테 간절히 기도하면 다 들어주셔? 그랬더니 할머니가 머리통을 쥐어박으며 만날 빈둥대고 놀면서 기도만 하는 놈을 건져줄 하나님은 어디에도 없다고 하시더라고. 호호. 내 대답도 그래. 간절히 원하기만 하면 이루어지는 건 어디에도 없지. 난 누구보다도 열심히 노력해. 부동산투자에 필요한 정보를 얻기 위해서는 아침 일찍 공인중개사 사무실에서 죽치고 앉아 귀동냥을 해대고, 밤을 새워가며 관련 책자를 수십 권씩 읽어댔지. 그렇게 노력한단 말이야. 그게 된 바탕 위에서 난 이 책이 말하는 대로 '뭐든지 잘 되는 나'를 상상하고 감사해 하지. 이미 이루어지고 이미 받은 것처럼."

공 팀장은 조금 머쓱해졌다. 장 사모님이 쐐기를 박듯 말씀을 이었다.

"안 된다고 생각하는 사람에게는 안 되는 이유만 눈에 들어오지. 그러니 뭔가 해보고자 하는 마음이 들지를 않아. 내 부동산투자의 성공 비결은 3D나 다름없어. 더럽고 어렵고 위험한 매물을 찾는 거야. 더럽고 어렵고 위험하기 때문에 값이 싸지. 그러나 충분한 지식을 갖춘 바탕 위에서 긍정적인 마인드로 들여다보면 언제나 해법은 있었어. 내가 월세에서 출발해 100평 아파트에 살 수 있는 것도 그런 긍정의 습관 때문이야."

장 사모님의 이야기를 듣고 있자니 공 팀장은 몇 달 전 여름휴가 때 정주영 회장 기념관에 견학 갔던 일이 떠올랐다. 정주영 회장이 입버릇처럼 했다는 "해봤어?"라는 말과 "생각에 생각을 거듭하면 반드시 해답은 있다."라는 말이 귓가에 맴도는 듯했다.

"내가 매사에 긍정적으로 임한다고 해서 안 될 일을 부여잡고 될 거라고 생각하지 않아. 미련하게 말도 안 되는 일을 앞에 두고 긍정적인 마음을 가지면서, 될 거야 될 거야 하며 뛰어드는 건 긍정적인 게 아니야. 멍청한 거지.

공 팀장, 기회가 있으면 여러 성공한 사람들의 자서전을 읽어봐. 그들 대부분은 나와 비슷한 긍정적인 태도를 가졌어. 그리고 슈퍼리치들을 만난다니 그들에게 물어봐, 백이면 백 똑같이 이야기할 거야."

공 팀장은 장 사모님과 헤어지면서도 그 말이 귀에 쟁쟁했다.

'간절히 원하면 이루어진다. 그 말은 노력하는 사람에게는, 그리고 자기가 무엇을 원하는지를 명확히 알고 집중하는 사람에게는 항상 진실이야.'

40년 분재 외길 인생 김재경 사장님의 습관

한 번에 하나씩 처리하라

"내비게이션을 잘못 설정했나?"

공 팀장은 고개를 갸우뚱하며 산속으로 난 숲길로 차를 몰았다. 한참 동안 차를 몰고 왔는데 건물 비슷한 것조차 보이지 않았기 때문이다. 두 갈래로 난 길을 따라 언덕을 오르자 비로소 거기에 거대한 분재원이 자리 잡고 있는 것이 보였다. 3,000평은 족히 되어 보였다. 분재원에는 소나무부터 향나무까지 없는 게 없을 정도로 다양한 분재가 잘 가꾸어져 있었다. 마사토가 잘 깔린 길을 따라 강철로 지은 건물에 다다르니 백발이 성성한 구릿빛 얼굴의 김 사장님이 가지치기 작업을 하다 편안한 웃음으로 맞아준다.

"어서 와, 공 팀장. 찾느라고 애먹었지? 여기 잠깐 앉아서 분재

구경 좀 하고 있어. 하던 거 조금만 더 하면 끝나니까."

분재원을 돌아보니 작은 화분마다 족히 40년에서 50년은 되어 보이는 멋진 모양의 분재들이 제각각 자태를 뽐내고 있었다. 그러는 사이 김 사장님이 작업을 모두 마치고 이마의 땀을 수건으로 닦으며 다가왔다.

"멋진 작품들이 많네요. 제대로 감상하려면 몇 번을 더 와야 할지 모르겠어요. 언제부터 분재 일을 하신 거예요?"

"대학교 다닐 때부터 시작했으니 한 40년은 넘은 것 같네."

김 사장님은 원예과에 진학해서 지금껏 40년 분재 외길 인생을 걸어온 분이다.

"재미있는 일도 많았겠어요?"

"재미있다기보다…… 예전에 정말 마음에 드는 분재를 얻으려고 삼고초려에 온갖 노력을 아끼지 않은 적이 있지. 그 분재 값이 그때 시세로 작은 집 한 채 가격이었어."

공 팀장의 눈이 방울만 해졌다. 그가 처음 분재를 시작한 70년대 중반만 해도 먹고살기 어려운 시절이었다. 며칠씩 밥을 굶을 때도 있었고, 당장 분재를 때려치우고 돈벌이가 되는 일을 하고픈 유혹도 느꼈다. 그러나 김 사장님의 분재 사랑은 남달랐다. 평생을 걸었다고 해도 좋을 만큼 열정적이었다. 처음에는 비닐하우스를 임대해 분재 일을 시작했다. 그런데 비싼 묘목을 사와서 작은 분에 심었지만 말라 죽는 경우가 아주 많았다고 한다.

"물주기와 가지치기를 제대로 익히는 것도 제법 시간이 걸렸지. 중간에 포기하고 싶은 적도 많았고. 그런데 내게 분재를 가르쳐줬던 선생님이 했던 말이 생각났지. 분재를 제법 한다는 소리를 들으려면 최소한 10년은 정진해야 하고, 최고 전문가가 되고 싶으면 20년 이상은 해야 한다는 거였네. 그러니 그만두려면 아예 시작도 않는 편이 정신건상에 낫다는 거었어. 난 10년, 20년 이렇게 멀리 보고는 못 할 것 같더라고. 그래서 마음속으로 결심했지. 어차피 난 분재가 좋으니 이리저리 고민하지 말고 딱 하루씩만 견디자고 말이지. 10년은 못 견뎌도 딱 하루씩 견디는 거야 못하겠느냐고. 그렇게 마음먹었는데 벌써 40년이 지났네."

김 사장님은 소나무 분재부터 시작했다고 한다. 가장 어렵고 까다로운 수종부터 시작한 것인데, 아까운 소나무 분재 묘목을 수십 차례 고사시키면서 터득한 것이 있다고 했다.

"처음에는 한 개의 수종, 한 개의 분재를 제대로 키워야 해. 공연히 욕심을 내서 2개, 3개씩 시도하다가 묘목을 죽이거든. 분재라는 게 사람살이랑 다를 게 없어요."

김 사장님은 소나무 분재 가꾸기에 성공하자 나머지 수종은 쉽게 기술이 습득되더라고 했다.

"기타 연주나 어려운 수학문제 풀이랑 비슷해. 좀 버겁다 싶은 곡을 연주하는 데 성공하면 그보다 낮은 단계의 곡들은 단숨에 연주할 수 있지. 수학문제도 난이도가 높은 문제를 풀어내면 그보다 쉬운 문제들은 금방 해결할 수 있는 거야."

큰 목표를 잘게 나누어 하나씩 실행하라는 거였다. 한 번에 하나씩. 여러 개를 한꺼번에 하면 더 빨리 목표에 이를 수 있을 것 같지만, 실은 그렇지 않다. 어려운 곡 하나에 집중해 그 곡을 연주해내는 것이 더 빠른 길이다.

알렉산더 그레이엄 벨은 이렇게 말했다.

"모든 생각을 당면한 일에 집중하라. 태양광선은 초점이 맞지 않으면 결코 종이를 태울 수 없다."

자신의 에너지를 한 점에 집중할 줄 아는 사람이 정말 일을 잘하는 사람이다. 공 팀장은 회사에서 적체된 일을 볼 때마다 가슴이 턱 막히는 듯한 답답함을 느꼈었다. 일을 시작하기도 전에 의욕을 잃고 에너지가 빠져나갔던 것이다.

'한 번에 하나씩이란 말이지.'

그때 김 사장님이 공 팀장을 자신의 작업대로 안내했다. 2미터 정도의 폭에 가로 길이가 4미터는 족히 되어 보이는 커다란 작업대였는데, 그 위에는 아무런 물건도, 도구도, 책도 놓여 있지 않았다. 그냥 말끔히 치워진 상태로 깨끗했다.

"난 이 작업대를 '활주로'라고 부른다네."

"활주로라고요?"

"그래, 활주로. 바로 여기가 비행기가 날아오르듯이 내 작업이 날아오르게 하는 활주로야. 그런데 공 팀장. 한 활주로에서 두 대의 비행기가 날아오르기는 힘들지 않겠나? 그래서 난 이 작업대에서 한 번에 하나씩 정성을 다해 작업한다네. 그렇게 해서 한 내의 비행기를 날아오르게 한 뒤, 다음 작업을 진행하는 거지. 한 활주로에서 두 대의 비행기가 날아오르기 어렵듯이 한 작업대에서 두 개의 분재를 만드는 것은 어려운 거야."

"……!"

동시에 두 가지 일을 수행하는 것은 어렵다. 그럼에도 우리는 멀티태스킹이라는 핑계로 직장에서 두 가지 일을 동시에 수행하려 바삐 몸을 움직인다. 그러다가 어느 쪽도 제대로 완성하지 못한 채 '번 아웃(연료 소진)'되어 결국 아무 일도 못하고 지쳐서 퍼져버리기 일쑤다. 그런 생각을 하며 공 팀장이 주변을 둘러보았는데 작업대 위뿐만 아니라 작업실 전체가 말끔하게 정리되어 있었다. 마치 군대의 사물함처럼 반듯반듯하게 정리된 책과 도구와 화분들이 인상적이었다.

"공 팀장, 책상은 그 사람의 마음을 단적으로 보여주는 걸세. 그 사람의 방 역시 마찬가지야. 책상과 마음, 방과 마음은 연결되어 있다네. 책상이 깨끗하다는 건 그 사람의 머릿속이 맑다는 거야. 마음이 복잡하지 않다는 거지. 정리정돈이 잘되어 있다는 건 마음속의 에너지가 분산되지 않는다는 의미일세. 그래서 나는 틈만 나면 책상을 정리하고 방을 정리한다네."

김 사장님은 그렇게 말끔하게 치워진 작업대 앞에서 한 번에 하나씩 정성 들여 분재를 완성하며 하루를 견뎌냈다. 그렇게 40년이 흘렀을 때, 그에게는 수천 점의 분재가 생겼고, 분재 박물관, 가지치기 기술대학 등을 운영하게 되었다. 물론 수백억 원대의 슈퍼리치도 되었다.

"난 머리가 나빠서 멀티태스킹이 안 돼. 대신 내게 어울리는 건 한 번에 하나씩 분재 하나하나에 나의 정성을 기울이는 거야."

박경철 씨는 『시골의사 박경철의 자기혁명』이란 책에서 일의 성패를 결정짓는 것은 '능력'이 아니라 그 일을 대하는 '애티튜드', 즉 태도라고 했다. 한 번에 여러 가지 일을 펼쳐놓고 정신없이 우왕좌왕하는 것과 한 번에 하나씩 정성을 기울이는 것, 이 작은 애티튜드의 차이가 10년, 20년 뒤에는 운명을 결정하는 요소가 되는 것이다.

  공 팀장은 오늘 최고의 분재 전문가에게서 깨끗한 활주로 위에서 한 번에 하나씩의 일을 이룩시키는 습관을 배웠다.

  '내일 당장 나의 활주로를 정비하고 한 번에 하나씩 정성을 기울여 일해나가리라.'

제3장

슈퍼리치의 습관을 정리하다

공 팀장은 50번째 슈퍼리치와의 면담을 마쳤을 때, 슈퍼리치들에게서 받았던 인상과 그들의 습관에 어떠한 공통점이 있는지 정리해야겠다는 생각이 들었다. 슈퍼리치를 상대하는 PB팀장이 되어 고향에 계신 아버지를 방문했을 때, 아버지가 전한 당부로 시작했던 일이다. 다른 PB들과는 달리 공 팀장은 한 명 한 명의 슈퍼리치들을 만날 때마다 그들의 생각과 행동, 인간관계, 시간관리, 돈 관리 등에서 특이한 점들을 작은 수첩에 꼼꼼하게 기록했다. 그런데 그러다 보니 각각의 슈퍼리치들이 저마다 들려주는 이야기가 마치 서로 약속이나 한 듯 비슷했다. 디테일은 서로 달랐지만 전체적인 아우트라인은 매우 비슷했던 것이다.

공 팀장은 브라이언 트레이시의 말을 떠올렸다.

"모든 성공법칙 중에서 가장 중요한 법칙은 이것이다. 당신은 다른 성공한 사람들이 했던 대로 따라 하면 된다. 그러면 결국 당신도 그들과 똑같은 성공을 거둘 수 있다."

그래서 공 팀장은 그동안 적어왔던 메모들을 크게 생각, 행동, 인맥관리, 시간관리, 돈관리 이렇게 5개의 카테고리별로 정리하기 시작했다. 물론 그 습관들이 생각습관이면 생각습관, 행동습관이면 행동습관, 이렇게 정확하게 나뉘는 것은 아니었다. 그래서 사람에 따라서는 분류하기 애매한 측면이 있었지만, 공 팀장은 최선을 다해 분류해보았다. 그리고 천천히 그 메모들을 정리해서 노트에 기록하기 시작했다.

슈퍼리치의 생각습관

사물에 대한 접근방식이 단순하다

내가 슈퍼리치들을 만났을 때 가장 놀랐던 것은 그들의 단순함이었다. 그들은 놀랍도록 단순했다. 어찌 보면 마치 어린아이와 이야기하는 것처럼 느껴질 정도였다. 그러나 조금만 더 이야기를 나누다 보니 그것은 생각이 짧은 게 아니라 본질을 통찰하는 것이라는 사실을 알게 되었다. 슈퍼리치들은 무언가를 결정하기 위해 골머리를 싸매지 않는다. 결단이 아주 빠르다.

일전에 부동산 거부가 된 강기동 사장님에게 상담을 청한 적이 있다. 그때 나는 자주 돈을 빌려달라고 하는 친구 때문에 골머리를 앓고 있었다. 어느 날 저녁, 그 친구가 전화해서 지금 교통 사고 때문에 500만 원이 급하게 필요한데 도와달라고 해서, 가진 돈을 탈탈 털어 절반 정도를 마련해줬다. 그랬더니 그 돈을 빌린 것을 잊어버렸던지 이번에는 아버지 장례식 때문에 또 돈을 빌려달라고 했다.

그런 사정을 들려주자 강 사장님은 아주 간단하게 말했다.

"그런 경우에는 나중에 할 싸움을 먼저 하는 게 상책이야."

공 팀장이 의아한 표정을 짓자 강 사장님이 다시 덧붙였다.

"내가 남에게 빚지고 살지 않고 베풀며 살겠다고 결심했지만, 친구에게 돈을 빌려주는 일은 하지 않는다네. 이유는 간단해. 요즘처럼 여러 가지 정규적인 루트로 돈을 빌릴 수 있는, 아니 빌려주겠다고 시도 때도 없이 전화까지 걸어대며 난리를 치는 세상에서, 친구에게까지 손을 벌리는 경우는 십중팔구 모든 과정을 다 거친 사람일 가능성이 커. 온갖 데서 다 돈을 빌려 더 빌릴 수 없는 경우란 말이지. 그런데 그런 친구에게 돈을 빌려주면 받을 가능성이 있겠나? 그러니 그 경우에는 더 고민할 게 없어. 공 팀장이 받지 않아도 될 정도의 돈만 밥값이나 생활비로 주게. 그걸 넘어서면 우정이 갈라지네. 공 팀장이 부처님 같은 성인이 아닌 다음에야 무리하게 빌려준 돈을 못 받으면 그 친구와 우정을 유지하지 못한단 말일세."

강 사장님은 그런 식이었다. 새로 나온 신용카드의 혜택을 입 아프게 설명하면 한참 알쏭달쏭한 표정으로 듣다가 "어쨌든 빚지고 물건 사라는 거잖아. 됐어." 하고 간단하게 상황을 정리하곤 한다.

슈퍼리치들은 잔 지식이 많지 않다. 어떤 걸 그룹이 잘 나가는지, 올해 히트한 영화가 무엇인지 물어보면 잘 모르는 경우가 많다. 그러나 지혜라고 할 만한 부분에는 놀라울 정도의 통찰을 보여준다. 그걸 강 사장님은 이렇게 돌려 말한다.

"내가 좀 무식해. 영화도 잘 모르고 음악도 잘 몰라. 근데 내가 판단을 하는 데 필요한 지식은 몇 날 며칠 밤을 지새우며 수십 권, 때론 수백 권의 책을 읽어. 이유는 간단해. 남을 의식하는 지식은 필요 없어. 무식한 사람 취급받아도 상관없고. 세상의 수많은 지식을 어떻게 머릿속에 다 우겨넣어? 뭐하러 그래? 내가 좋아하는 거에 대해서는 일부러 알고 싶지 않아도 저절로 다 알게 돼. 난 내 앞에서 지식 자랑하는 사람이 제일 한심해. 무식한 사람 앞에 앉혀두고 지식 자랑하는 거 말이지, 내가 보기엔 오랑우탄 앞에서 수학책을 읽어주는 거랑 다를 게 없어요. 하하."

슈퍼리치들은 복잡한 세상에서 '단순하게' 생각할 줄 아는 사람들이다. 그래서 지식 때문에 스트레스받는 일은 거의 없다.

"무식하다고 스트레스받을 일이 뭐 있어? 모르면 배우면 되지."

맞다. 모르면 배우면 되는 것이다.

대중들과 정반대로 생각한다

내가 슈퍼리치들과 이야기하다 보면 자주 듣는 말이 있다. "그게 어때서?"라는 말이다. 장돌뱅이 출신 김 회장님과 이야기를 나눌 때였다. 김 회장님은 내게 세상 돌아가는 이야기를 듣기 좋아하신다. 워낙 흥미롭게 들어주기 때문에 나도 즐거워 종종 들러 이야기를 들려 드린다. 그런데 그러다 보면 이야기 중간에 웹상에서 여러 사람이 성토하는 문제에 대해 나도 같은 입장이 되어 열을 내는 경우가 간혹 있다. '타진요'가 가수 타블로의 학력 의혹을 제기할 때도 그랬고, 조영남 씨가 '맞아 죽을 각오하고 쓴 친일선언'을 냈을 때도 비슷했다.

그럴 때면 김 회장님은 항상 "그게 어때서?"라고 반문한다.

"공 팀장, 나는 말일세. 대중들이 모두 한 사람을 비난할 때면 이런 생각을 한다네. 어쩌면 저 한 사람이 옳을지도 모르겠다는 생각 말일세. 예수님을 십자가에 매단 것도 성난 대중들의 우매한 쏠림현상 때문이었네. 대중들은 피리 부는 사나이를 따라가는 들쥐 떼랑 비슷할 때가 많아. 정확하지 않은 정보에 자신의 분노와 불만을 얹어서 필요 이상으로 흥분하지. 대중들에게 집단적인 린치를 당하는 사람 중 열에 아홉은 뛰어난 선각자이거나 사회의 희생양인 경우가 많아."

김 회장님을 비롯한 슈퍼리치들은 내가 보기에 절대 군중심리에 휘말리지 않는다. 오히려 그들은 본능적으로 대중들이 달려가는 정반대 방향으로 움직인다.

2008년 리먼 사태 때 출판업을 하는 슈퍼리치와 만난 적이 있다. 미국발 금융위기로 경제가 매우 어수선해지자 많은 주식투자자들이 제2의 IMF가 오는 것은 아닐까 두려워하며 투자를 회수할 때였다. 그때 그 슈퍼리치는 웃으며 말했다.

"이제 주식투자를 할 때가 됐군, 공 팀장."

실제로 그는 삼성전자 주식이 79만 원까지 떨어졌을 때 그 주식을 다량 매집했다. 그러다 리먼 사태가 정리되고 주가가 제자리를 찾아가자 100만 원에 전량 매도했다. 불과 1년만에 20만 원씩의 차액을 남긴 것이다. 안타깝게도 물량에 대해서는 알려주지 않았지만 대략 2,000주는 넘는 것 같았다.

슈퍼리치의 습관을 정리하다

"시장이 요동치면 기회가 오지. 보통 사람들은 리먼 사태 같은 위기가 오면 일단 고개를 무릎 사이에 박고 움츠러든다네. 하지만 공 팀장, 그걸 알아야 해. 평온한 시장에서는 힘의 균형을 깨뜨릴 방법이 없어. 먹던 놈이 계속 먹는 거지. 그러나 요동치는 시장에서는 누구든 용감한 사람이 기회를 얻을 수 있다네."

피터 린치라는 전설의 투자자가 있었다. 그가 어느 날 구두를 닦는데 구두닦이가 그러더란다.

"요즘 돈 잘 버는 방법에 대해 아세요? 주식투자 하세요? 제가 좋은 주식 하나 소개해 드릴까요?"

공자님 앞에서 문자 쓰는 격이었다. 피터 린치는 그 말을 주의 깊게 새겨듣고 곧바로 사무실로 돌아와 가지고 있는 주식을 전량 폐기했다고 한다. '구두닦이마저 주식에 뛰어들었다면 이제 더 이상 주식을 살 사람이 없는 거다.' 한마디로 '상투'라고 판단한 까닭이었다.

내가 본 슈퍼리치들은 대부분 피터 린치 같았다. 그들은 대중들의 움직임을 꼼꼼하게 체크하고 있다. 그러나 그들은 대중들과 함께 움직이는 것이 아니라 그 움직임을 통해 어떤 기회를 포착할 수 있는지를 살필 뿐이다. 오히려 그들은 본능적으로 질문한다.

"그게 어때서?"

그러고는 대중들의 반대편에서 거대한 기회를 포착하곤 한다. 그게 슈퍼리치의 생각이다.

어려운 상황에 놓였을 때 유연하게 생각한다

김난도 교수의 『천 번을 흔들려야 어른이 된다』를 보면 이런 질문이 나온다. 만약 당신에게 다음과 같은 선택의 순간이 닥친다면 무엇을 선택할 것인가?

　퇴근을 하려는데 갑작스러운 전화가 걸려온다. 외국거래처의 바이어에게 급한 미팅연락을 받은 것이다. 매년 엄청난 매출을 가져다주는 회사의 바이어다. 그런데 난처하다. 오늘 저녁에는 딸아이의 학예회에 참석하기로 되어 있었다. 벌써 한 달 전부터 아이는 〈미녀와 야수〉 영어 뮤지컬에서 여자 주인공인 '벨' 역할을 맡았다고 아빠가 반드시, 꼭 와야 한다고 다짐해온 터였다. 그때 휴대전화 스케줄러에 '삑' 하고 일정이 뜬다. 몇 달 전에 예약해놓았던 해외 록밴드의 공연이 저녁 8시부터 시작할 예정이란다. 자, 어떻게 할 것인가?

　대다수의 직장인들은 눈물을 머금고 바이어를 만난다. 거의

80~90퍼센트는 그렇다. 아주 가족적인 5~10퍼센트의 직장인들은 딸아이의 학예회를 택한다. 그리고 대한민국에서는 거의 찾아볼 수 없는 한두 명 정도만이 만사를 제쳐놓고 록밴드의 콘서트에 참석한다. 그런데 김난도 교수는 그 책에서 좀 더 참신한 해결책을 제시해놓았다. 그 해결책은 이렇다.

바이어를 딸의 학예회장 근처에서 만나 함께 학예회를 본다. 바이어에게는 소중한 딸과의 약속을 지키고 싶다고 양해를 구한다. 딸과 인사를 나눈 뒤 끝까지 함께 있어주지 못해 미안하다는 쪽지와 함께 딸이 좋아할 만한 선물을 남겨놓고, 바이어에게 감사의 인사로 멋진 콘서트를 예매해두었으니 같이 관람하자고 제안한다. 그런 다음 콘서트를 함께 보고 그 뒤 업무 이야기를 하는 것이다.

내가 슈퍼리치들을 만난 경험에 비추어보면 대다수의 슈퍼리치들은 대체로 이런 방식으로 생각한다. 군만두를 먹다가 마지막 한 개가 남았는데 형제가 서로 먹겠다고 하면 보통은 반으로 나눠준다. 그런데 슈퍼리치는 주인에게 물어본다. 군만두 한 개 남은 걸로 아이들이 싸우니 혹시 여분이 있으면 한 개 더 줄 수 없냐고. 그러면 주인은 다른 손님의 군만두를 튀길 때 몇 개 더 튀겨서 가져다준다. 그런 식이다. 무언가를 쉽게 포기하기 전에 궁리해서 좋은 해답을 찾아내는 경우들이 종종 있다.

1,000억 원 대 주식투자를 하는 슈퍼리치 박 사장님도 종종 그런 발상을 한다. 한번은 그가 이런 이야기를 들려준 적이 있다. 그가 사는 동네에 도로에 인접한 꽤 좋은 땅이 있었다. 그런데 그 땅은 세 등분되어 주인이 각각 달랐고, 토지도 농지로 분류되어 있어 이용가치가 거의 없었다. 농사도 별로 짓지 못해 나대지로 버려져 있었다. 그러다 보니 골동품을 취급하는 사람이 무허가로 그 땅에 오래된 맷돌이나 석상 같은 것을 가져다 쌓아놓았다. 땅주인들은 답답했지만 활용할 만한 뾰족한 수가 없었고, 그냥 그렇게 한 해 두 해 가고 있었다. 그걸 지켜보던 박 사장님은 진입로 쪽의 땅을 감정가보다 약간 비싼 값으로 샀다. 그다음 안쪽의 땅 두 조각을 각각의 땅주인에게 같은 값으로 사겠다고 제안했다. 땅주인들은 박 사장님이 진입로 쪽 땅을 비싼 값에 주고 샀다는 이야기를 듣고 그보다 더 비싼 값을 불렀다. 그러자 박 사장님은 진입로 쪽 땅보다 10퍼센트 낮춘 값을 부르며 이렇게 제안했다.

"이런 일이 일어날 것 같아서 진입로 쪽 땅을 먼저 산 거요. 이 땅은 구조상 진입로 쪽 땅을 산 내 허락이 없으면 농사도 제대로 못 짓는 땅이 될 테니 내 마지막 제안을 받아들이든지 아니면 이 땅을 이런 상태로 죽을 때까지 가지고 살든지 그건 맘대로 하시오."

땅주인들은 두말없이 땅을 팔 수밖에 없었다. 그러나 박 사장님은 결국 진입로 쪽 땅과 같은 값에 그 땅을 사들였다고 했다.

그다음부터가 재미있다. 박 사장님은 일단 동네 청년회 청년들과 함께 그 땅에 사과직판장을 만들었다. 당시 그 마을 청년들은 사과의 직판을 원했다. 복잡한 유통구조 때문에 소비자 구매가보다 턱없이 낮은 가격에 사과를 넘겨야 했는데, 직판을 하면 소비자는 저렴한 가격에 사과를 살 수 있고 그 마을 청년들은 이전보다 높은 사과 값을 받을 수 있어 윈윈이었기 때문이다.

그런 뒤 박 사장님은 청년들과 함께 그 지역 국회의원과 도지사 등에게 부탁하여 토지의 용도를 변경했다. 그러자 금세 땅값은 농지였을 때보다 몇 배 뛰어올랐다. 박 사장님은 초기에 땅을 살 때 투자했던 돈만큼을 그 땅을 담보로 은행에서 빌렸다. 그리고 사과직판장에서 나오는 수익의 일부를 받아서 그 대출금의 이자와 원금을 상환하고 있다.

그 이야기를 듣다가 내가 "그럼 그 땅을 사는 데 얼마 들었나요?"라고 묻자 박 사장님의 대답이 정말 기가 막혔다.

"처음에 그 땅을 살 때 5억 원이 들었지. 그리고 사과직판장을 짓고 토지의 용도가 바뀌고 하니까 땅값의 평가액이 30억 원쯤 올랐어. 그래서 그 땅을 담보로 5억 원을 은행에서 빌려 내 투자금을 회수했지. 그러니까 내 돈은 들지 않았어. 모두 이득을 본 거지. 땅주인들은 그냥 내버려두었으면 평생 돈으로 환전할 수 없었던 땅을 시세보다 비싼 값에 팔았으니 좋은 거고, 마을은 사과직판장을 얻었고, 나는 땅을 얻었고. 사과직판장이 계속 잘되면 나는 그냥 앉아서 이익의 일부를 갖게 되는 거야. 만약 사과직판장이 어려워지면 다른 사업으로 전환하거나 땅을 팔면 되겠지. 뭐, 아무도 손해 본 건 없지. 아, 물론 땅주인들은 5억 원짜리가 30억 원이 되었다고 배 아파해. 그게 배 아파할 일인지는 모르겠지만 말이지. 하하."

슈퍼리치들은 대체로 이렇게 생각하는 데 능하다. 많은 경험이 있어서이겠지만, 그들의 생각은 늘, 언제나 '와이 낫(why not?)'이다.

아이큐는 보통이다, 그러나 금융 아이큐는 비상하다

내가 만난 슈퍼리치 중에 공부를 썩 잘한 사람은 별로 없다. 학교 다닐 때 우등생이었거나 명문대를 나온 사람도 별로 없었다. 대부분 학창시절 성적은 중이나 하다. 그렇다고 슈퍼리치들이 아둔하거나 미련하게 보이지는 않는다. 오히려 매우 똑똑하고 영민하게 보이는 경우가 많다. 상식이 그리 풍부해 보이지는 않았다. 그러나 이들은 돈에 관한 이야기로 넘어가면 완전히 다른 모습을 보였다. 거의 빛의 속도로 머리가 돌아가는 것처럼 보였다. 서두에서도 잠깐 언급했지만 내가 관리하는 슈퍼리치 가운데 조 사장님의 경우 함께 음식점에 들어가면 누구보다 먼저 원가계산을 해낸다. 1원 단위까지 떨어지는 정밀한 계산이야 주산이나 암산을 배운 사람들이 더 잘하겠지만 어림잡아 하는 계산은 매우 빠르다. 그야말로 '척' 하면 그 음식점의 한 달 매상과 수익이 잡히는 식이다.

잘된 사람 말만 듣는다

슈퍼리치들의 생각은 매우 효율적이다. 가령 제주도에 부동산투자를 해야겠다고 생각하면 사람들은 보통 어떻게 할까? 막연하다. 책을 찾아볼 수도 있고, 신문을 뒤적일 수도 있을 것이다. 슈퍼리치들은 그런 경우 제주도로 내려간다. 놀이 삼아 내려가서 회도 먹고 골프도 친다. 그러면서 그곳 부동산에서 부동산투자로 성공한 사람을 소개받아 이야기를 듣는다. 그게 가장 빠르다는 것이다. 어차피 판단은 스스로 하기 때문에 이런저런 이야기들을 최대한 골라서 듣는다. 그걸 조합하다 보면 공통점이 많이 나온다. 슈퍼리치들은 이런 식으로 어떤 일이나 장사의 본질에 해당하는 부분으로 단박에 뛰어든다.

그런데 그들이 참고하는 것은 잘된 사람의 이야기다. 주로 그 분야에서 수익을 낸 전문가의 이야기를 챙겨 듣는다.

내가 만난 사람 중에 프랜차이즈 사업으로 대박을 낸 김 사장님은 신조가 아예 '잘된 사람 말만 듣는다.'였다. 삼십 대 중반에 정상에 있지만, 그도 그런 성공을 이루기까지 많은 실패를 겪었다고 한다.

"저, 생각보다 책을 많이 읽습니다. 잭 웰치나 스티브 잡스의 자서전을 보며 그들의 노하우나 통찰을 내 몸에 체득하려 하지요. 제가 참고하는 건 주로 잘된 사람의 이야기입니다. 책도 주로 크게 성공한 분들의 자서전이나 베스트셀러를 봐요. 저는 잘된 사람들 말만 듣습니다. 이유는 그들은 성공을 몸으로 겪은 사람들이니까요. 그래서 성공하는 미묘한 방법을 알아요. 그냥 남의 성공사례를 열심히 공부해서 책으로 옮겨 적는 자기계발서 작가들의 책은 별로 도움이 안 돼요. 미묘함이 없으니까요. 사실 입바른 말이야 누구나 할 수 있잖아요?"

김 사장님은 자기계발서에 대해서도 목소리를 높인다.

"하지만 전 잘된 사람들의 자기계발서는 굉장히 열심히 읽습니다. 브라이언 트레이시나 스티븐 코비 같은 저자가 쓴 자기계발서에 대해서 깊이가 없다거나 말뿐이라고 평가하는 사람들을 보면 이해할 수가 없어요. 거기 쓰여 있는 대로 해봤느냐는 거죠. 제가 사원들을 채용해서 함께 일해보니까 그런 책들을 진지하게 읽고 그대로 행동으로 옮겨보려는 친구들이 그렇지 않은 친구들보다 훨씬 낫더라고요.

잘된 사람들에게는 분명히 배울 게 있습니다. 그래서 저는 잘된 사람들 말만 듣습니다. 죄송하지만 그럴듯한 비평을 늘어놓는 분들과는 1분도 함께 이야기 나눌 필요를 못 느껴요."

통계를 보면 대한민국에서 하루에 10분 이상 책을 읽는 사람은 10명 중 1명도 채 안 된다고 한다. 10명 중 9명은 하루에 단 10분도 책을 안 본다는 이야기다. 하지만 젊은 슈퍼리치들은 한 달에 적어도 20여 권은 본다. 주로 오프라인 서점에서 훑어보다가 들을 만한 이야기가 있다 싶으면 10~20권씩 책을 사들이는데, 주로 역사서와 성공한 인물의 자서전이다.

슈퍼리치들의 공통점은 잘된 사람의 이야기를 무척 좋아한다는 것이다. 아울러 단지 잘된 사람의 이야기를 읽고 듣는데 그치지 않고 그들의 좋은 습관이나 사고방식을 본받으려 무던히 애를 쓴다. 되는 사람은 분명히 되는 이유가 있는 것 같다.

말에 힘이 있다고 생각한다

『물은 답을 알고 있다』에 소개된 내용 중에 이런 실험이 있다. 똑같은 물을 두 컵에 담아두고 한쪽에는 계속 입에 담기 어려운 욕을 하고, 또 다른 한쪽에는 사랑한다는 말을 들려주면서 한 달여를 보낸 후 각각 물의 상태를 살펴보는 실험이었다. 그런데 욕을 한 컵의 물은 썩어 악취가 나는 반면, 사랑한다는 말을 한 컵의 물은 멀쩡하더라는 것이다.

저자인 에모토 미사루 박사의 실험은 거기서 좀 더 나갔다. 이번에는 밥을 담은 병 두 개를 준비하고 한쪽에는 '감사'와 '사랑'이란 딱지를 붙이고, 다른 한쪽에는 '증오'와 '망할 놈'이라는 딱지를 붙였다. 그리고 한 달 뒤에 살펴보니 놀랍게도 '감사'와 '사랑'이란 딱지를 붙인 병의 밥은 누런 누룩으로 바뀐 반면 '증오'와 '망할 놈'이라는 딱지를 붙인 병의 밥은 검게 썩어버렸다. 밥이 글자에 담긴 마음마저 읽은 것이다.

프랑스의 라딘 박사는 비슷한 실험을 통해 감사하는 마음과 사랑하는 마음으로 음식을 먹으면 영양분의 흡수율이 높아진다는 사실도 밝혔다.

이처럼 슈퍼리치들은 모두 말에 힘이 담겨 있다고 생각한다. 그중 한 분은 이렇게 이야기한다.

"친구들을 한 20년 정도 있다가 만나면 굉장히 신기해. 요술 같아, 요술. 작가가 되겠다고 말하고 다녔던 친구는 작가가 되어 있고, 술자리에서 입버릇처럼 영화감독이 되겠다는 친구는 정말 유명한 영화감독이 되어 있어. 반면에 매사에 부정적으로 말했던 친구는 요즘 잘 만나지도 못해. 모임에도 전혀 안 나오고 말이지. 공팀장, 어떻게 생각할지 모르겠지만 말에는 힘이 있어. 특히 자기 자신에게 던지는 말은 더더욱 그래. 난 사람들이 칭찬을 받거나 감사 인사를 들으면 습관처럼 '저 같은 놈한테 그렇게 말씀하시니 몸 둘 바를 모르겠습니다.'라고 말하며 자신을 비하하는 거 굉장히 싫어해. 그 말이 그 사람을 그렇게 이끌어간단 말이지. 자기 복을 차는 거야."

말의 힘을 믿는 슈퍼리치들은 그래서 '허언'을 싫어한다. 뭔가 약속을 했으면 좀 지나치다 싶을 정도로 지키려고 하고, 그런 본인의 성향 때문에 쉽게 무언가를 약속하지도 않는다.

안정과 자유 중에 무엇을 선택할까?

보통 월급쟁이들은 안정된 삶을 선택한 사람들이다. 인생의 큰 굴곡은 없지만 대신 거대한 비약도 별로 없다. 아마 대한민국 젊은 이들이 대부분 공무원 시험을 준비하는 것은 그런 안정을 원하기 때문일 것이다. 그 반대편에 예술가들이 있다. 그들은 안정 대신 자유를 선택한 사람들이다. 자신이 하고 싶은 일을 하며 살기에 직업만족도는 매우 높지만 경제적으로는 힘든 경우가 많다.

그렇다면 슈퍼리치들은 어떨까. 이들은 그 어느 쪽도 포기하지 않는다. 그들이 바라는 바는 '자유로운 안정'이다. 그들은 사회 초년시절의 악착같은 절약을 통해 종잣돈을 확보한 뒤 리스크를 짊어진 모험을 택해 각고의 노력을 쏟아붓는다. 그 결과로 부를 축적한 뒤 '자유로운 안정'을 누린다. 대부분의 슈퍼리치들의 방법이 이와 같다.

인도네시아에서 10여 개의 사업체를 가진 조 회장님은 이런 조언을 들려준다.

"난 원래 큰 무역회사에 고졸로 입사했었지. 솔직히 일은 잘했어. 대학 나온 친구들보다 훨씬 열심히도 했고, 먹물들은 돈 개념이 서는 데 오래 걸리거든. 내가 더 빠릿빠릿했지. 근데 그러니까 회사 내에서 날 시기하는 사람들이 생기더라고. 날 아끼던 부장님이 인도네시아로 발령을 내면서 그러더라고. 잠깐만 가 있으라고. 그래서 말도 모르는 인도네시아에 와서 다시 죽기 살기로 일했어. 말도 몇 달 만에 손짓 발짓 섞으면 통하도록 익히고 말이지. 그때 정말 곰곰이 생각해봤어. 계속 이 회사에 다니면 '희망'이란 게 있을까 하고 말이지. 한 달간 진지하게 생각하다가 결론을 내렸어. 뻔히 정해진 월급을 받으며 정년 때까지 일해도 내게 남을 건 별로 없을 거라는 생각, 게다가 나보다 좋은 학교를 나온 인재들이 수두룩한 곳에서 얼마나 더 버틸지 모르겠다는 생각, 그런 생각이 드니까 선택이 쉬워지더라고."

그렇게 회사를 그만두고 그대로 인도네시아에 남아서 창고업과 통관위탁업 등을 시작했고 지금의 10여 개 업체를 일궈냈다.

"한 달에 한두 번 한국에 가서 친구들도 만나고 골프도 치고 해. 그럴 때마다 그때 인도네시아에서 내 사업을 하기로 결정한 것이 다행이라는 생각이 들었지. 한 10~20년 전만 해도 대기업에 다니던 친구들은 목에 힘을 주고 다녔거든. 그런데 나이가 드니 저녁 술값조차 부담스러워하는 거야.

난 젊은 친구들에게 꼭 이 말은 들려주고 싶어. 나이 먹어서 여유 있고 자유롭게 살 수 있는 건 젊은 시절 두려울 수도 있는 모험을 겪었기 때문이고, 그 모험을 승리로 이끌기 위해 각고의 노력을 기울였기 때문이라고 말일세. 이런 자유로운 안정은 누릴 만한 자격이 있는 사람이 누리는 전리품이라고 말이야."

IMF 외환위기 이전까지만 해도 안정적인 회사원은 삶의 모델이었다. 그러나 이제는 평생 직업이 점점 더 줄어들고 있다. 정년을 보장하는 직업도 줄어들었고, 과거와는 달리 의사나 변호사도 자격만 있으면 일정 수준 이상의 수입이 보장되는 시절도 지났다. 그 안에서 생생이 격화되고 있는 것이다. 어차피 평생 안정을 보장할 수 없다면 뻔히 정해진 길을 가지 말고, 자신을 믿고 도전하라는 것이 대다수 슈퍼리치의 조언이었다.

시련에 대한 내성이 강하다

성신여대 앞에서 커피전문점을 운영하는 김 사장은 수유동 근처에서 채소장사를 할 때의 경험을 들려주었다. 처음에 강남 아파트 입구에서 채소 행상을 하다가 다른 행상들과는 차별된 서비스로 금방 3평짜리 가게를 열었고 3년 만에 매장을 80평으로 늘릴 수 있었다. 그러나 좋은 일만 계속될 수는 없는 법, 어느 날 배달하고 돌아와 보니 김 사장의 슈퍼에 불이 나서 1시간 만에 전부 타버렸다. 수억 원의 피해가 났지만 보상은 고작 1,000만 원을 받았다고 한다. 하루 4~5시간 정도씩만 자면서 이른 나이에 오십견이 올 만큼 고달프게 물건을 배달하며 키운 가게였는데 그 모든 것이 화재로 일순간에 불타버린 것이다. 보통사람 같으면 실의에 빠져 술로 세월을 죽였을 텐데, 김 사장은 잠시도 지체하지 않고 곧바로 고깃집 프랜차이즈 업체의 직원으로 들어갔다고 한다.

"어차피 사람은 빈손으로 왔다가 빈손으로 가는 거 아닙니까? 바닥까지 내려가 보니 오히려 두려움이 없어졌어요."

던전 앤 파이터라는 게임으로 유명한 네오플을 NHN과 넥슨에 팔아서 3,000억대의 슈퍼리치가 된 허민 위메이크프라이스 대표의 경우를 보자. 사람들은 그가 '던전 앤 파이터'를 개발하고 회사를 매각해서 벼락부자가 된 사람 정도로만 알고 있다. 조금 더 관심 있는 사람은 고양 원더스의 구단주로 김성근 감독을 모셔 와서 국내최초의 독립구단을 만든 괴짜라거나 미국 프로야구 선수에게 끈질기게 너클볼을 가르쳐달라고 졸라서 결국 직접 가르침을 받은 뚝심의 사나이로 알고 있다. 버클리 음대에 들어가기 위해 첫 오디션에서 탈락한 후 미국으로 건너가 어학연수를 받으며 음대 동영상 강의를 들었고, 끈질기게 이메일로 입시담당관에게 자신이 버클리에 들어가야 하는 이유를 설득해 마침내 입학허가를 받아낸 일화도 유명하다.

그는 대학시절 '캔디바'라는 소개팅 게임을 개발해 첫 사업을 성공적으로 일구었지만 이후 2000년부터 7년간 개발한 18개의 게임은 모두 실패했다. 그는 이 실패로 30억 원의 빚을 짊어지게 되었다. 그러나 그는 다시 게임개발에 착수해 아시아권 동시접속자 수 200만 명의 신화를 만든 '던전 앤 파이터'라는 게임으로 인생역전에 성공했다.

그는 자신은 '포기를 잘 안 하는 스타일'이라고 말하며 게임 18개를 말아먹었으면 그동안 얼마나 포기하고 싶었겠느냐고 반문한다. 포기하지 않는 열정으로 버클리 음대마저 뚫은 것처럼 가혹한 시련 앞에서도 무너지지 않는 정신력을 가졌기에 재기하여 삼십 대의 나이에 수천억 원의 자산가가 될 수 있었다.

내가 만난 슈퍼리치들도 대부분 허민 대표와 비슷하게 시련이 닥쳤을 때 오히려 그 시련을 디딤돌 삼아 강하게 튀어오른 경우가 많았다.

마키아벨리는 군주론에서 이렇게 말했다.

"운명의 신은 여신이므로 그 신을 정복하려면 난폭하게 다뤄야 한다."

슈퍼리치들은 시련이 올수록 거칠어지고 강해진 사람들이었다.

바닷물을 끓이려 하지 않는다

일반적으로 슈퍼리치들은 '함께 모여 세상을 바꾸자.'라는 말을 잘 믿지 않는다. 나는 그걸 '바닷물을 끓이려 하지 않는다.'라고 요약한다. 세상 탓을 하지 않는다는 것이다.

"역경을 핑계 대지는 않겠다. 아무리 힘들어도 절망을 핑계 대지는 않겠다."

1990년 마거릿 대처의 뒤를 이어 영국의 최연소 총리가 된 존 메이저의 말이다. 그는 아버지의 갑작스러운 사업실패로 영국 달동네인 브릭스톤의 빈민가에서 자라야 했다. 나이 든 아버지와 생활고에 지친 어머니를 대신해서 가족들을 먹여 살려야 했고, 경리 일을 비롯해 공사판에서 막노동이나 전기공사 등의 일을 전전했다. 일자리를 구하기 어려워 노숙자가 된 적도 있고 정부의 실업수당을 받으며 겨우 끼니를 해결하기도 했다. 각고의 노력 끝에 은행에서 근무하게 되었지만, 아프리카 나이지리아로 발령을 나갔다가 거기서 교통사고를 당해 절름발이로 영국에 돌아와야 했다. 그러나 그는 그런 역경을 꿋꿋하게 헤치고 일어서서 서민의 고통을 잘 이해하는 총리가 되었다.

내가 만난 슈퍼리치들은 한결같이 이렇게 말한다.

"어떤 역경과 어떤 환경에서도 내가 어떻게 하느냐에 따라 일어설 수 있다고 강력하게 믿어야 하지. 그리고 그 환경을 핑계 삼지 말고 자신을 단련시키는 계기로 삼아야 하네. 세상이 문제라는 거짓 선지자들의 말이 달콤하게 들려도 그 시간에 더욱 자신을 단련해야 해. 아무 힘도 없으면서 세상을 바꾸겠다고 날뛰느는 건, 바닷물을 끓이겠다고 달려드는 것과 다를 바 없지. 먼저 최선을 다해 역경을 극복하고 나만의 성취를 이뤄야 해. 그것을 통해 어느 정도의 지위에 올랐을 때 세상을 바꾸고자 노력하는 것이 올바른 순서야. 하나뿐인 인생을 바닷물 끓이는 데 쓸 텐가?"

슈퍼리치들이 가장 싫어하는 것은 자신의 태만을 세상 탓으로 돌리는 것이었다.

"세상의 부조리를 뜯어고치겠다고 마음먹었으면 제대로 하든가. 그렇지 않다면 적어도 자신의 노력 부족을 세상의 탓으로 돌리는 일은 그만두어야 해. 내가 정말 죽을 만큼 노력했는데도 내 꿈이 이뤄지지 않는 건지, 아니면 대충대충 살고 있으면서 세상 핑계를 대는 건지 자기 자신은 알아."

슈퍼리치의 행동습관

일단 결정했다면 반드시 실행한다

한때 『바보들은 항상 결심만 한다』라는 책이 베스트셀러가 된 적이 있다. 한 1995년경이었는데 그때도 이 책의 제목이 크게 공감을 불러일으켰던 것으로 기억한다. 내가 만난 슈퍼리치들은 항상 결심만 하는 바보들과 정반대의 성향을 가졌다. 그들은 머릿속의 생각을 실제 행동으로 옮기는 습관이 일반인들보다 훨씬 강하다. 매우 민첩하게 실행에 옮기기 때문에 타이밍을 놓치지 않는다.

인테리어 소품업체로 크게 성공한 박 사장은 장고 끝에 인테리어와 예술을 접목하면 발전가능성이 무궁무진하니 관련 사업을 하겠다고 결심하자마자 작은형을 졸랐다. 그리고 작은형의 카드로 200만 원의 현금서비스를 받아 장사를 시작했다. 바로 당일이었다. 그들은 결심할 때까지는 생각의 생각을 거듭한다. 승산은 있는지, 내가 감당할 수 있는지를 꼼꼼하게 점검하다, 그러다가 해야겠다는 결심이 서면 뒤를 돌아보지 않는다. 본인의 결심을 확인할 때까지 질풍처럼 몰아치는 것이 슈퍼리치의 가장 큰 행동습관이다.

"저는 일단 저지르고 보는 스타일입니다. 주변에 고민만 하다가 결국 아무것도 못하고 포기하는 사람을 정말 많이 봤어요."

중국에서 보따리장수로 슈퍼리치가 된 조태규 사장의 말이다. 앞에서도 언급했지만 그가 중국에서 보따리장수를 시작한 건 여자친구가 선물한 장갑의 생산원가와 판매가가 10배 이상 차이 난다는 것을 알고 사업을 결심한 바로 그때부터였다. 부모님이 주신 학비 200만 원을 밑천으로 곧바로 장사를 시작한 거다.

슈퍼리치들은 '내일부터'라는 말을 매우 싫어한다. 대신 '지금 당장'이라는 말을 사랑한다.

"사람들은 뭔가 결심을 하면 항상 '내일부터'야. 그런 사람들 절대 그거 못 해. 내일이 어딨어, 내일이. 일단 하겠다고 마음먹었으면 지금 당장 시작하는 거야. 그래야 하는 거야. 담배를 끊을 거면 지금 당장 가지고 있던 담배 허리를 동강 내고 끊기 시작해야지, 오늘까지만 피고 내일부터 끊어야지 하는 사람은 평생 못 끊어."

김형석 회장님의 말씀이다. 심사숙고하는 스타일이지만 일단 결정하면 단칼에 실행한다. 이분께는 "한번 찾아뵙겠습니다."라는 말은 안 통한다. 곧바로 "언제 올 건데?"라는 질문이 날아오기 때문이다.

"무서워서 행동으로 못 옮기는 거야. 두려움을 극복해야 해. 남편 등 떠밀어서 영화 소품업체를 차릴 때도 소심한 우리 남편은 움직이질 못했거든. 회사에 그대로 남아 있어봐야 노상 월급이나 밀리고, 오래 다녀도 월급 오를 것 같지도 않았어. 회사를 새로 차리면 분명히 지금보다 나을 거라는 걸 아무리 강조해도 쉽지 않았지. 그만큼 사람은 현상유지하려는 성향이 강해."

장희영 사모님의 말씀이다.

"사실 성공과 실패는 종이 한 장 차이에 불과합니다. 치밀한 준비와 과감한 결단력, 때로는 자신의 전부를 걸 수 있는 용기가 필요하죠."

벤처 사업가 오길환 사장님의 말처럼 때로는 자신의 전부를 걸 수 있는 용기가 필요하다. 그래야 실행이 가능하다.

계속하고 싶은 일은 기록한다

슈퍼리치 가운데 한 분의 이야기다. 어느 날 건강검진에서 당뇨가 의심되는 수치가 나왔다. 그러자 그는 매일 아침 혈당과 혈압을 체크하고 자신이 직접 만든 기록표에 매일 기록하기 시작했다.

"우습게 보일지 모르겠지만, 한번 해보면 효과를 알게 될 겁니다. 한두 주 정도 꾸준히 기록하면 그다음에는 이 기록표에 빈칸이 생기는 걸 견디기 힘들어져요. 나름대로 행위에 대한 강제력이 생긴단 말입니다. 나만 그런 줄 알았는데 아니더라고요. 축구선수들이나 운동선수들이 훈련일기를 쓰는 거랑 비슷합니다. 작심삼일을 넘어서는 방법으로 기록만 한 게 없더라고요."

그는 이런 기록을 통해 3년이 넘도록 매일 아침 건강관리를 했고, 지금은 당뇨 수치도 혈압도 모두 젊은 사람 못지않게 나온다. 실제로 박지성 선수도 초등학교 때부터 축구훈련일기를 썼다. 수원에 있는 박지성 축구센터에 가보면 박지성 선수가 초등학교 때 썼던 축구일기도 전시되어 있다. 또 한국인 최초의 메이저리그 선수인 박찬호 선수와 영국 프리미어리그 볼튼에서 뛰고 있는 이청용 선수, 또 2010년 17세 이하 여자 월드컵에서 8골을 터뜨린 여민지 선수의 축구일기도 화제가 된 적이 있다.

슈퍼리치들은 대부분 결심한 일은 반드시 이루는 편이다. 그게 몇 년을 지속해야 하는 일이라면 꼼꼼하게 기록한다. 가끔 이런 기록습관은 뭔가 애매한 일이 발생했을 때 도움이 된다. 내 고객 중에는 회계상에서 잘 나타나지 않는 입출금 내역으로 인해 경리 직원이 고생할 때, 자신의 기록을 뒤적여 그 내역을 알려준 분도 있다.

"한 달치 날짜가 한 페이지에 인쇄된 달력에 기록을 해보게. 이를테면 담배를 끊는다고 했을 때 매일매일 '금연 1일 차' '금연 2일 차' '금연 3일 차' 이렇게 쓰는 거야. 그걸 10일 정도만 지속해도 그 달력을 보면 그동안의 노력이 눈에 들어오지. 딱 한대만 피워야지 하는 마음이 없어져. 이건 해보면 알아."

나도 이런 이야기를 듣고 매일 10분씩 책을 읽고 그 읽은 페이지를 책상 앞 달력에 기록해봤다. 정말 10여 일 읽으니까 그다음부터는 그 칸을 채우고 싶어서라도 10분씩 독서를 하게 됐다. 더 즐거운 것은 하루 10분씩 책을 읽어도 1년에 6~12권의 책을 읽게 된다는 거였다. 불과 매일 10분간만 독서를 했는데 말이다.

슈퍼리치들은 지속하고 싶은 일은 기록했다.

작심삼일을 극복하고 싶다면, 매일 기록하라.

스스로 통제할 수 없는 일은 하지 않는다

브라이언 트레이시는 "사람은 자신의 삶을 지배하고 통제하는 만큼 행복해질 수 있다."라고 말했다. 그런데 사람은 두 가지 방향에서 삶을 통제할 수 있다. 제일 좋은 건 내가 하고 싶은 대로 하면서 살아가는 것이다. 다른 사람의 지시에 의해서 하기 싫은 일을 해야 할 때 인간은 불행해진다. 간섭이 심한 부모의 자녀가 힘들어하는 이유도 외적인 세악이 그들의 삶을 통제하기 때문이다. 가족 중에 환자가 있어 삶이 자유롭지 못한 경우에도 비슷한 고통을 느낀다. 삶이 일일이 통제되는 수용소나 감옥의 삶이 형벌인 이유도 마찬가지다. 이럴 때 우리는 무언가 벗어날 수 없는 운명에 희생자가 된 것처럼 느끼고 무엇을 해도 나는 행복해지지 못할 것 같다는 느낌을 받는다. 이른바 '학습된 무기력'에 빠지는 것이다.

반면 이런 상황에서도 자신의 삶을 통제하는 방법이 있다. 그것은 자신의 마음을 통제하는 것이다. 마음수련을 오래한 사람들이나 종교지도자들은 자신의 마음을 통제하여 평안을 얻는 데 능숙하다. 나치의 포로수용소에서 살아남은 빅터 프랑클 박사의 말에 따르면 인간은 마음먹기에 따라 환경이나 사건에 대한 반응을 달리할 수 있는 유일한 동물이라고 한다.

길을 가는데 맞은편에서 한 청년이 세게 달려와 나의 팔을 치고 뛰어갔다고 하자. 대부분의 사람들은 마음속으로 그 청년에게 분노를 퍼붓는다. 그러나 생각을 바꾸면 그 청년을 이해할 수 있는 여지가 생긴다. 그 청년의 부모님이 위급하다거나, 일생을 건 면접시험에 늦을지도 모르는 상황이었을 것이라 생각하는 순간 분노가 사라진다. 그렇게 마음을 다스려 평안을 얻는 방법이 있다.

내가 보기에 슈퍼리치는 삶을 통제하는 두 가지 방법 모두를 택하고자 하는 것 같다. 일단 슈퍼리치들은 자신이 주도할 수 없는 일에 속칭 '곁다리' 붙는 것을 극도로 싫어한다. 그래서 슈퍼리치들 간에는 '동업'이 어렵다. 자신이 주도하고자 하기 때문이다. 또 어떤 행사에서든 들러리 서는 것을 싫어해서 일정하게 예의를 갖추었다 싶으면 행사에 오래 붙어 있지 않는다.

"공 팀장도 금방 오십이 되고 육십이 된다네. 한 육십 살쯤 되면 알게 돼. 세상은 내가 중심이다, 내가 주인공이다, 생각하고 움직이는 사람 중심으로 돌아가게 되어 있다는 것 말일세. 눈앞의 작은 이익 때문에 내 삶의 주도권을 포기하지 말게. 그 순간 자네는 노예가 되어버리고 말아. 내가 농사짓다가 무작정 상경했던 것도 내 삶을 내 뜻대로 살려는 의지 때문이었네. 도박에 빠졌다가 헤어나올 수 있었던 것도 마찬가지라네."

한때 도박에 잠깐 손을 댔다가 이를 악물고 빠져나온 류진만 사장님이 들려준 이야기다.

슈퍼리치들은 실제로 늘 일이 많다. 회사원들이 하루 9~12시간을 일한다면 슈퍼리치들은 20시간을 일한다고 봐도 무방하다. 그럼에도 그들이 건강하고 행복한 이유는 자기 삶을 스스로 통제하며 살기 때문이다.

기본에 충실하다

"라면을 제일 잘 끓이는 방법이 뭔지 아세요?"

에트로 이충희 대표가 들려준 이야기다.

"라면을 잘 끓이는 방법은 라면 봉지에 적힌 그대로 끓이는 거예요. 돈 버는 것도 똑같아요. 많은 사람들이 기본을 무시하고 무조건 많이 벌려고 하는데 그래서는 절대로 돈을 벌 수 없습니다."

대부분의 슈퍼리치들은 이 대표의 말처럼 기본을 지킨다. 그들 모두가 은행과 친하고 저축을 많이 하는 이유도 거기에 있다.

"부자가 되는 가장 간단한 방법은 버는 것보다 적게 쓰는 겁니다. 그러면 반드시 돈은 모이게 되어 있어요."

프랜차이즈로 30대 성공신화를 쓴 김 사장이 들려준 이야기도 같은 맥락이다.

"사람들은 어떻게 하면 음식점으로 성공할 수 있느냐고 물어봐요. 그런데 전 비결 같은 건 없다고 말합니다. 기본만 지켜도 사람들은 그 음식점을 찾아와요. 청결하고 쾌적한 장소에서 맛있는 음식을 정성 들여 만들고, 친절하게 서비스한다면 당연히 성공할 수밖에 없습니다. 게다가 입지조건까지 좋으면 성공하지 못하는 것이 이상하죠."

이 이야기를 들었을 때 무릎을 쳤던 기억이 난다. 세상 모든 일의 원리는 똑같다. 금융업도 마찬가지다. 좋은 금융상품을 열심히 공부해서 고객들에게 알기 쉽게 제안하는데 그 상품이 안 팔릴 리가 없다. 내가 신용카드 2만 4,000장을 팔고 보험을 2,000건 넘게 계약을 성사시킨 비결과 동일했다.

슈퍼리치들의 비서들에게 "사장님, 언제 출근하세요?" 하고 물어보면 돌아오는 대답은 거의 비슷하다. 대체로 새벽 6시에서 7시 30분 사이에 출근하는데, 출근시간이 20~30년간 동일하다는 답변이 돌아온다. 전날 술자리가 몇 시까지 있었든, 마라톤을 뛰었든, 상갓집에서 밤샘을 했든 출근시간은 동일하다는 거다.

대한민국을 대표하는 가수이자 프로듀서인 박진영 씨가 힐링캠프에 출연해서 자신의 아침 일정을 공개해 대중들을 놀라게 한 적이 있다. 아침 8시에 기상해서 눈뜨자마자 서랍 안에 있는 각종 영양제를 섭취하고 15분간 아침식사를 한 뒤 자신이 직접 고안한 58가지의 체조를 30분간 하고 나서 다시 30분간 발성연습을 한다. 그와는 별도로 매일 2시간씩 운동을 한다고 자신의 아침 일정을 소개했다. 놀라운 건 이 일정을 17년간 하부도 빼먹지 않고 해왔다는 고백이었는데, 내가 만난 슈퍼리치들도 비슷했다. 그들은 스스로 만든 아침 일정을 20~30년간 꾸준히 실행하고 있다. 그래서 슈퍼리치들을 만나보면 30억 원 이상의 부를 축적할 수 있으려면 기본적인 규칙을 얼마나 오래 지속할 수 있느냐가 관건이라는 생각이 절로 들었다.

무조건 몸으로 배운다

슈퍼리치들은 '공부'에 대한 개념이 달랐다. 대다수의 슈퍼리치들은 '책으로는 자전거 타기를 배울 수 없다.'라고 생각한다. 오로지 수많은 실패를 통해 능숙함에 이르는 것이 공부라고 생각하기에 여차하면 "공부머리와 돈 버는 머리는 다르다."라고 입이 닳도록 이야기한다. 물론 박인숙 사모님처럼 자산관리 세미나나 투자설명회에 참석해 공부하는 분도 있다. 하지만 중요한 것은 책과 강의에만 머물지 않고 반드시 '해본다'라는 점이 보통 일반인들과는 다르다.

슈퍼리치들과 이야기를 나누다보면 종종 '공부'에 대한 개념의 차이가 명확하다는 걸 느낀다.

"내가 제일 이해가 안 되는 게 공부에 대한 거야. 공 팀장, 장사를 배우려면 어디로 가야 해? 당연히 물건 파는 시장으로 가서 거기서 장사를 배워야 하잖아? 근데 요즘 젊은 친구들은 대학에 간대. 장사를 잘하려고 MBA인가 뭔가를 따러 간다는 거야. 이게 말이 돼? 우리 남편이나 아들네 회사의 직원들도 여차하면 공부하러 외국에도 가고 대학원에도 가고 한다고 하더라고. 공부만 하면 다 되는 줄 아나보더라고."

중소기업을 운영하는 슈퍼리치들에게서는 자주 듣는 이야기다. 대기업에 취업이 안 돼서 중소기업에 취업했던 젊은이들은 연봉도 높지 않고 복지도 좋지 않은 곳에서 비전을 찾을 수 없다며 주로 선택하는 방법이 대학원에 진학하는 것이란다. 거기에 대해 대다수의 슈퍼리치들은 부정적이다.

"진짜 경영학석사 과정을 밟아야 하는 사람은 몇 되지 않지. 일정한 규모를 갖춘 회사에서 일정한 직위에 있어야 배운 것을 써먹을 수 있을 테니까. 진짜 공부는 그 분야의 전문가에게 듣는 거야. 눈으로 보고, 손으로 만져보는 게 공부지. 적어도 학위를 따는 공부가 아니라 돈 버는 공부를 하려면 몸으로 배워야 하는 거야."

류진만 사장님의 조언이다. 그는 늘 이렇게 강조한다.

"뭐든지 배울 수 있고, 또 뭐든지 배울 수 있어야 해. 내가 남대문에서 라이터 파는 장돌뱅이로 시작해서 에스티 듀폰이라는 명품까지 수입해 팔았는데, 그 과정에서 무언가를 배우지 않았으면 그게 가능했겠어? 공부를 어느 나이까지 마쳐야 하는 고정된 것으로 보는 사람은 융통성이 없어. 라이터를 팔아야 하면 라이터를 공부하고 명품을 팔아야 하면 명품을 공부해야 하는 거야. 세금이 너무 많이 나와 죽겠으면 세금 공부를 하고, 세일즈를 해야겠다고 마음먹었으면 세일즈 잘하는 법을 공부하는 거야. 공부한 것을 잔뜩 껴안고 있으면 돈이 나와 밥이 나와? 공부한 건 무조건 써먹어야 해. 그게 몸으로 한 공부야. 몸으로 한 공부는 절대 없어지지도 잊어버리지도 않아."

슈퍼리치들이 "오늘 공부 많이 했다."라고 하는 말은 책을 많이 읽었다는 뜻이 아니다. 새로운 아이템에 대해 많은 이야기를 들었고 많은 것을 보았고 만져봤다는 뜻이다. 몸으로 터득한 공부가 슈퍼리치로 가는 가장 빠른 공부법인 것이다.

슈퍼리치의 시간관리 습관

약속에 늦는 사람은 싫다, 내가 늦는 건 더 싫다

중국에서 보따리장수부터 시작했던 조태규 사장의 시계는 8분 더 빠르다. 손목시계도, 자가용의 시계도 마찬가지다.

"중국어로 8은 돈을 번다는 '파(發)'와 발음이 비슷해요. 이렇게 시계를 맞춰 놓으면 웬만해서는 늦지 않아요. 알다시피 약속시간에 30분씩, 한 시간씩 늦는 사람은 별로 없어요. 그 정도면 사업은 포기해야 되고요. 대부분 5~10분 정도 늦게 와요. 그 이상 늦는 경우는 별로 없죠. 그게 왜 그렇겠어요? 미적거려서 그래요. 딱 10분만 일찍 출발하면 되는 걸 못하는 거란 말이죠. 그래서 시계를 8분 빨리 가게 해놓은 거예요. 사람은 착각하는 동물이거든요. 분명히 8분 빨리 가게 해놓은 줄 알면서도 그만큼 일찍 움직이게 되는 거예요."

조태규 사장의 말대로 사람들이 늦는 건 습관 때문이다. 그것도 딱 10분 늦게 출발하는 습관 말이다. 전설적인 미식축구 코치 빈스 롬바디가 '그린 베이 패커스' 팀을 맡았을 때 그 팀의 선수들도 그런 나쁜 습관에 사로잡혀 있었다. 시합장으로 이동하는 버스의 출발 시간보다 항상 선수들이 10~15분 정도 늦게 도착했던 거다. 그걸 알게 된 롬바디 코치는 이른바 '롬바디 시각'을 적용하기 시작했다. 조태규 사장이 '8분'을 빨리 가게 해놓은 것처럼 예정된 시각보다 '15분 앞선 시점'을 적용한 것이다. 가령 버스가 오전 10시에 떠날 예정이라면 9시 45분까지 버스에 타도록 알렸고, 그 시각에 맞추지 못한 사람은 빼놓고 출발하도록 지시했다. 이후 버스 출발 시간을 어기는 선수들은 없어졌다.

중요한 건 약속시간을 지키겠다는 결심이다.

"매번 시간을 지키는 사람은 100명 중에 5명 정도밖에 안 될 거야. 그 정도로 드물지. 그렇기 때문에 매번 시간을 지키는 사람은 주변의 모든 사람들이 다 알아. 입 밖으로 표현은 안 해도 감탄하고 존경하지. 그리고 신뢰하고. 그게 얼마나 큰 기회인지 아나?

단지 5분, 10분만 먼저 신경을 써서 100명 중 95명이 누리지 못하는 감탄과 존경과 신뢰를 받을 수 있는 걸세. 약속을 지키는 작은 습관 하나로 다른 사람에 비해 더 가치 있고 능력 있는 사람으로 인정받을 수 있는 거야."

김형석 회장님의 약속시간 엄수에 관한 지론이다. 실제로 내가 만난 슈퍼리치들은 약속에 늦는 사람을 끔찍하게 싫어했다. 웬만하면 싫은 소리 안 하는 분들도 약속에 늦게 나타난 상대에게는 농담을 섞어서라도 따끔하게 한마디 했다. 특히 회사를 운영하는 사장님들은 회의에 늦는 사람에게는 가혹할 정도로 질책했다.

"이 회의에 모인 사람 10명은 다 회사에서 핵심적인 역할을 하는 중추들이야. 그 사람들 9명의 시간 10분을 당신이 날려버린 거란 말이야. 그걸 어떻게 벌충할 거야? 어?"

우연히 회의가 있는 슈퍼리치의 사무실을 방문했다가 회의실에서 들려오는 노기 어린 목소리를 들은 적이 있다. 그렇기에 슈퍼리치들은 본인이 약속에 늦는 것은 정말 끔찍하게도 싫어하고, 1분이라도 늦었을 경우 아주 정중하게, 지나치다 싶을 정도로 사과한다.

슈퍼리치가 되고 싶다면 먼저 시계부터 10분쯤 빨리 가도록 바꿔놓아야 할 것 같다.

시간은 많다, 쓸데없는 데 써서 문제일 뿐

"제가 가장 싫어하는 말이 '시간 없다'라는 말입니다."

'시골의사'라는 별명으로 유명한 안동 신세기 병원장 박경철 씨의 말이다. 다른 사람의 입에서라면 몰라도 박경철 씨가 이런 말을 하면 고개를 끄덕이지 않을 수 없다. 지금은 그만뒀지만 한때 그는 매일 아침 라디오 방송을 진행하고, 주1회 텔레비전 프로그램을 진행하는 한편, 청소년과 대학생들을 대상으로 한 강연을 월 평균 30건 이상 진행하면서 신문과 잡지에 고정칼럼을 15개 이상 쓰는 강행군을 했다. 게다가 친구와의 약속 때문에 토요일에는 안동의 병원에서 환자를 진료해야 했다. 그런 그가 '시간 없다'라는 말을 제일 싫어한다면 들을 수밖에 없다.

그런데 슈퍼리치들도 '바빠서'라는 표현을 싫어한다. 보통 사람들이 정해진 기한 내에 일을 처리하지 못했을 때 '바빠서'라는 말을 하면 슈퍼리치들은 농담을 좀 섞어서 "세상일을 다 하는 모양이지?" 하며 핀잔을 준다. 그 말에 꼼짝을 못할 수밖에 없는 게 슈퍼리치들이야말로 세상에서 내로라하게 바쁜 사람들 중 하나인데, 그분들 입에서 "너무 바빠서 못했다."라는 말을 들어본 적이 없기 때문이다. 그분들이 정말 화나면 하는 말씀이 있다.

"아니 할 거 다 하고, 볼 거 다 보고, 여기저기 전화 돌릴 거 다 돌리고……. 언제 일하나?"

틀린 말이 아니다. 우리는 '바빠서'라는 말이 민망할 정도로 할 거 다 하고 볼 거 다 보고 전화할 거 다 하고, 그것도 모자라 틈틈이 담배도 한 대씩 피우고 술도 한 잔씩 마신다. 정말 '바빠서' 기한 내에 일을 못하는 건 아니라는 말이다.

다시 박경철 씨의 말이다.

"2000년 0시를 기해 선 다섯 가지를 끊었습니다. 술, 담배, 골프, 유혹, 도박입니다. 이중 금연이 마지막까지 잘 안 되더군요. 그래도 술 안 먹고 골프 안 하고 딴마음 안 먹으니까 시간이 많이 남아요. 텔레비전은 원래 안 봤고요. 그 시간에 책을 보거나 글을 쓰는 거죠. 책은 하루에 한 권 정도 읽어요. 화장실, 이동하는 차 안 등 시간이 날 때마다 책을 펼치죠."

박경철 씨는 다섯 가지만 끊으면 됐지만 보통 사람들은 끊어야 할 게 훨씬 더 많다. 무의미하게 주고받는 문자 메시지도 끊어야 하고, 틈틈이 스마트폰으로 즐기는 모바일 게임도 끊어야 한다. 집에만 가면 반사적으로 켜놓는 텔레비전에 멍하니 빠져 있는 시간도 없애야 하고 컴퓨터 앞에 앉아 무의미하게 이리저리 웹서핑하는 버릇도 고쳐야 한다. 그런 시간을 다 줄이고도 "바빠서 시간이 너무 없다."라고 말한다면, 그 사람은 아마 이미 슈퍼리치의 반열에 오른 이일 것이다.

내가 만난 슈퍼리치들 중에서 무의미하게 시간을 축내는 경우는 본 적이 없다.

시간은 많다. 쓸데없는 곳에 써서 문제일 뿐이다.

뭉치시간을 먼저, 자투리시간은 그다음에

시간관리에 엄격한 김형석 회장님께 배운 시간관리법을 소개한다. 김 회장님은 시간을 1~2시간씩의 뭉치시간과 1~10분 정도의 자투리시간으로 나눠서 쓴다. 그분은 매일 출근을 하면 그날 일정을 계획하는 것으로 업무를 시작하는데, 가장 먼저 오전의 뭉치시간과 오후의 뭉치시간, 그리고 저녁의 뭉치시간을 활용하는 계획을 짠다. 오전의 뭉치시간은 서류 검토와 사업체 점검에 활용하고, 오후의 뭉치시간은 신규 아이디어를 구상하는 데 쓰거나 사업관계 미팅에 쓴다. 저녁의 뭉치시간은 저녁식사나 술자리 등으로 활용된다. 그렇게 뭉치시간에 대한 계획이 끝나면 그 사이 사이에 있는 1~10분씩의 자투리시간에 틈틈이 할 일을 계획한다.

주로 독서나 전화업무 등을 자투리 시간에 한다.

"시간을 들여서 해야 할 일들을 미리 계획해두고 그 시간에 그 일을 하지 않으면, 신문을 읽거나 전화통화를 하거나 자잘한 일들이 그 시간을 다 좀먹어버리지. 무조건 뭉치시간을 먼저 계획하고 그 시간에는 그 일을 해야 해. 그게 시간을 잘 쓰는 방법이지."

김형석 회장님의 이런 방식은 스티븐 코비 박사가 강조하는 시간활용방식과 매우 유사하다.

그는 그의 7가지 습관 강연에서 한 가지 간단한 실험을 통해 시간활용의 원리를 사람들에게 각인시켰다. 스티븐 코비 박사는 커다란 그릇, 지름 1센티미터의 공, 지름 10센티미터의 공을 준비한 후 강연에 참석한 한 여성에게 지름 1센티미터의 공을 그릇에 먼저 넣고 지름 10센티미터의 공을 나중에 넣어보라고 했다. 그랬더니 10센티미터의 공은 몇 개 넣지 못했고, 1센티미터의 공은 3분의 2 정도 넣었다. 이번에는 10센티미터의 공을 그릇에 먼저 넣고 1센티미터의 공을 나중에 넣으라고 했다. 그랬더니 놀랍게도 10센티미터의 공과 1센티미터의 공이 모두 그릇에 들어갔다.

스티븐 코비 박사는 지름이 큰 공이 바로 중요하고 시간이 많이 소요되는 일이라고 설명했다. 큰 공을 먼저 그릇에 넣고 틈새에 작은 공을 넣는 방식이 바로 우리의 시간관리 방식이어야 한다는 것이었다.

김 회장님은 바로 이런 방식으로 시간을 관리하기 때문에 매우 많은 일을 하면서도 늘 여유가 있었고 약속을 잘 지킬 수 있었다.

"매일 아침에 시간 계획을 잘 짜야 '번 아웃'하지 않을 수 있어. 일은 끊임없이 이어지기 때문에 그날 해야 할 일을 미리 정해야 그걸 목표로 전력을 다할 수 있고, 목표를 달성했을 때는 쉴 수 있는 거지. 목표를 정하지 않고 계획을 짜지 않으면 늘 일을 달고 살게 된다네. 지치지 않을 수가 없는 거지."

1분이라는 시간에 꼬리표를 달아라

2장에서도 잠깐 언급했지만 김 회장님의 시간 단위는 1분이다. 그의 지론은 시간을 분 단위로 생각하면 자투리시간이 엄청나게 늘어난다는 것이다. 동사무소나 은행에서 차례를 기다리는 시간이나 엘리베이터를 기다리는 시간, 버스나 지하철을 기다리는 시간, 화장실에서 용변을 보는 시간 모두 길게는 10분에서 짧게는 1~2분이 걸리는데, 그 시간을 알차게 이용하면 생각보다 많은 일을 할 수 있다는 것이었다. 보통 사람들은 이런 시간을 '애매한 시간'이라고 말한다. 뭘 하기에는 짧고 아무것도 하지 않기에는 긴 시간이라는 뜻이다. 김 회장님은 그런 '애매한 시간'에 꼬리표를 붙이라고 권한다.

"시간이나 돈이나 똑같아. '푼돈'을 아낄 줄 아는 사람이 큰돈을 버는 거고, '푼시간'을 아껴 쓰는 사람이 시간을 잘 활용하는 거야. 그러니 이렇게 생각해봐. 돈에도 꼬리표를 달잖아. 매달 1만 원씩 저축하면서 그 돈은 나중에 여행 갈 돈이라고 이름 붙이고, 또 아이들 교육비, 노후 연금 이런 식으로 말이야. 하다못해 저금통에 동전을 모을 때도 '이거 다 모이면 멋진 구두를 한 켤레 사야지.' 하고 꼬리표를 붙여놓지. 그것처럼 '푼시간'에도 꼬리표를 붙여놓아야 해. 내 경우에는 그런 '푼시간'들은 모두 전화로 업무지시를 하거나 신문, 잡지, 책을 보는 것으로 꼬리표가 달려 있어. 그렇게 짬짬이 읽은 책이 일 년에 수십 권은 된다네."

이 자투리시간에 꼬리표를 잘 달아서 어마어마한 성과를 거둔 사람이 있다. 바로 서울 삼성고등학교의 소병량 선생님이다. 2001년 서울시가 선정한 신지식인으로 뽑혔고 전 교육부(현 교과부)가 뽑은 '능력중심사회구현 모범사례 우수상'을 받았는데, 이 모두가 수업시간 중간마다 있는 10분간의 쉬는 시간을 활용한 결과였다. 집안 사정으로 대학에 진학하지 못한 소 선생님은 소위

'학벌 콤플렉스'로 자꾸 움츠러들었다고 한다. 그러다 자격증에 눈을 돌려 쉬는 시간 10분마다 자격증 공부에 전념했고, 공인자격증만 54개를 취득해 기네스 보유자가 되었다. 전기기능사, 제한무선통신사, 경비지도사, 운전기능강사, 보험설계사, 교통사고 감정사 등 다양하다.

슈퍼리치들은 대체로 '푼시간'을 알차게 활용하는 사람들이었다. 10분, 15분은 무척 긴 시간이다. 『아프니까 청춘이다』의 김난도 교수의 말대로 찜질방 사우나에 들어가서 버텨보면 10~15분이라는 시간은 '무지하게 긴' 시간이다. 1~2시간 이상 긴 시간만 시간이 아니다. 자투리 시간, '푼시간'을 잘 활용해야 슈퍼리치가 될 수 있다.

자잘한 돈보다는 시간을 택한다

슈퍼리치들은 1원도 허투루 쓰지 않는 사람들이다. 하지만 그렇다고 인터넷 앞에서 가격비교를 하며 100원이라도 싼 곳에서 물건을 사겠다고 안달하지 않는다. 슈퍼리치들은 '허투루' 쓰는 돈이 없을 뿐, 정당한 지출은 얼마든지 한다. 그리고 푼돈 대신 시간을 택한다.

"그게 무슨 소리냐면 말이지, 도시 외곽으로 나가면 아울렛이 있어요. 명품을 할인해서 파는 거죠. 똑같은 물건도 거기서 사면 더 싸요. 또 인터넷을 뒤지면 병행수입이라고 해서 국내에서 파는 물건을 반값으로 살 수 있는 경우도 많아요. 그런데 난 굳이 그렇게 안 해요. 두 가지 이유가 있는데, 하나는 그렇게 절약하는 돈은 지속성이 없다는 거예요. 일회적이라는 거죠. 그렇게 일회적이고 작은 돈을 아끼기 위해 늘이는 시간은 너무 아까워요. 그 시간에 사랑하는 가족과 맛있는 밥을 먹거나 재미있는 영화를 보거나 하는 게 맞는 거예요. 대신 물건을 만드는 재료가 된다거나 하는 것처럼 지속적으로 소비해야 하는 건 가장 싸고 좋은 것을 고르기 위해 몇 날 며칠을 골몰해요. 그 한 번의 선택으로 마진율이 엄청나게 높아지니까요.

또 한 가지 이유는 나름의 '상도의' 때문에 그래. 로열티를 내고 한국 판권을 얻은 사람들의 이익을 보장해줘야 한다는 거죠. 한국의 명품 수입회사가 권한을 얻기 위해 돈을 주고 사업을 시작했을 테니 말이에요."

한 끼 식사로 김밥 한 줄이면 충분하다고 할 정도로 1원 한푼도 아끼지만, 수억 원의 장학금을 쾌척할 정도로 의미 있게 돈을 쓰기도 하는 안영신 사모님의 말씀이다.

    슈퍼리치들에게 시간은 돈이었다. 1분의 시간을 조금씩 아껴서 그 시간으로 커다란 성취를 거두는 모습은 1원을 아껴 종잣돈을 만들고 그 종잣돈을 굴려 부를 창출하는 원리와 동일했다. '푼돈'과 '푼시간'을 제대로 아낄 줄 알 때 비로소 슈퍼리치의 대열에 올라설 수 있을 것이다.

슈퍼리치의 돈관리 습관

돈이 나를 위해 일하게 한다

슈퍼리치들을 만나서 단도직입적으로 어떻게 돈을 많이 벌 수 있었느냐고 물어보면 그들은 "나 대신에 돈을 벌어다 줄 무언가를 만들라."라고 이야기한다.

"공 팀장, 부자가 되고 싶으면 '내가 쉬는 동안에도 나를 대신해서 돈을 버는 무언가'가 있어야 해요. 난 그걸 '아바타'라고 부르죠. 예를 들면 '사업'을 하는 것은 '회사'가 나를 대신해서 돈을 벌어다 주는 거예요. 물론 회사를 경영하는 일이 그렇게 쉽지만은 않아요. 그러나 내가 쉬는 동안에도 회사는 일하고 있다는 점에서 아바타라고 할 수 있죠. 또 주식투자나 부동산투자는 나 대신 '돈'이 돈을 벌어주는 셈이에요. 이때는 '돈'이 나의 아바타라고 할 수 있어요. 물론 박진영이나 싸이처럼 자신이 만든 노래의 저작권료 수입이 큰 사람들은 그 '노래'가 본인의 아바타인 거죠. 그들이 쉬고 있어도 노래방에서, 라디오에서 계속 돈을 벌어다 주니까요."

금융투자로 지금껏 거의 손실을 본 적이 없는 안영신 사모님의 말씀이다. 내가 '아바타'론이라고 이름 붙인 부자 되는 방법이다. 안영신 사모님을 비롯한 슈퍼리치들은 늘 지속적인 수익을 찾는다. 한마디로 '근로소득' 이외의 '불로소득'이 있어야 한다는 것이다.

"사람들은 '불로소득'을 땀 흘리지 않고 벌어들이는 나쁜돈으로 생각하는 경향이 많아요. 내 경험으로는 세상 어떤 나라에서도 '근로소득'만으로 살아가는 사람은 없어요. 그 정도의 차이가 있을 뿐이지요. 거기다 '불로소득'이라고 표를 붙였지만 몸만 안 썼을 뿐, 머리는 엄청나게 돌려야 해요. 그걸 '불로소득'이라고 멀리하면 절대로 부자가 될 수 없어요. 아니 부자가 될 수 없을 뿐만 아니라 안정된 삶도 유지하지 못한답니다."

그래서 슈퍼리치들은 돈을 위해 일하는 단계를 빨리 졸업하라고 당부한다. 한 달간 나의 소중한 시간과 열정과 지혜와 그에 따르는 감정노동(스트레스, 짜증, 화)을 쏟아부은 대가가 월급이라는 것이다. 그나마 그 월급조차 받지 못하는 실직자들보다야 낫지만 언제 그 실직자 대열에 낄지 모를 일이기 때문이다. 그보다는 돈을 위해 일하는 단계에서 남들보다 더 열심히, 제대로 일해서 종잣돈과 함께 '돈이 나를 위해 일하게 만드는 방법'을 익혀야 한다.

"무엇이든 뭉쳐야 기능을 해요. 돋보기로도 햇빛을 한 점에 모아야 불을 붙일 수 있듯이, 돈도 뭉쳐야 커져요. 적어도 굴릴 수 있는 정도까지의 크기로는 만들어야 그다음부터 눈덩이처럼 불어날 수 있어요."

슈퍼리치들이 절약과 종잣돈을 강조하는 이유였다. 돈을 위해 일하는 단계에서 돈이 나를 위해 일하는 단계로 넘어가기 위해서는 돈을 굴려서 규모를 키울 수 있는 수준까지 뭉쳐야 한다. 남들과 비슷하게 쓸 것 다 쓰고 입을 것 다 입어서는 그런 종잣돈을 마련할 수 없는 일이다. 안영신 사모님이 헤어지며 하신 말씀을 마음에 새긴다.

"아바타를 옆에 끼고 있는 사람들은 일단 본받을 만해요. 아바타는 '집중'의 산물이거든요. 사업체를 운영하고 있는 사장님의 지금만 보면 안 돼요. 사업체를 현재의 모습으로 만들기 위해 사장님은 몇 날 며칠, 수많은 세월을 노심초사하며 일했을 거예요. 방송에 흘러나오는 노랫가락이 별것 아니라고 생각되면, 그 정도로 세련된 노래를 만들려면 얼마나 노력해야 하는지 한번 만들어보면 알아요. 주식이나 부동산으로 마찬가지예요. 그들이 돈을 벌기 위해 얼마나 공부하고 머리를 써야 하는지 한번 도전해보면 알아요. 내가 생각하기에 슈퍼리치들에게 '불로소득'은 없어요. 당대에 부를 축적한 사람들에게는 분명히 '돈이 나를 위해 일하게 만드는 방법'이 한 가지씩은 있어요. 그걸 인정하는 순간부터 슈퍼리치의 길에 들어서는 거예요."

사업이든, 투자든 나의 에너지와 정성을 모아 일정기간 한 점에 집중해서 회사나 종잣돈을 만들어내는 게 급선무였다. 그때까지는 돈을 위해 일하며 벌어들인 돈을 모으는 게 절실히 필요하다.

투자는 빚으로, 소비는 내 돈으로 한다

슈퍼리치는 절대 빚을 지지 않는다. 그리고 슈퍼리치는 빚을 많이 진다. 말장난 같지만 설명을 들어보면 이해가 될 것이다. 슈퍼리치는 무언가 내게 필요한 물건이나 서비스를 얻기 위해 빚을 지지 않는다. '할부' 구매도 매우 싫어한다. 비싼 물건도 단번에 '현금'으로 계산한다. 게다가 어지간해서는 신용카드도 쓰지 않는다. '빚'이기 때문이다.

"빚이 뭔지 알아? 이자를 대가로 빌려주는 돈이야. 세상에 돈을 공짜로 빌려주는 사람은 아마 부모님밖에 없을 거야. 이 원리를 알아야 해. 물건을 먼저 주고 돈을 나중에 받는 것도, 카드로 먼저 계산하고 돈은 나중에 내는 것도 거기서 이익이 발생하지 않으면 그렇게 해줄까? 이걸 일일이 계산하는 것도 어리석어. 지불이 유예되는 경우는 전부 빚이라고 생각하면 돼. 그래서 부자들은 '현금'을 좋아하지."

류진만 사장님의 말이다. 특히 종잣돈을 마련하는 시기에 빚을 내서 물건을 산다는 건 부자가 되고 싶지 않다고 선언하는 것이나 마찬가지라고 한다.

"자동차를 할부로 사면서 이런저런 이유를 대는 친구들이 있어. 연말에 사면 연식이 끝나기 때문에 싸다느니 하면서 말이지. 내가 여기서 정답을 이야기해줄게. 자동차가 돈 버는 데 꼭 필요하면 아주 싼 중고차나 소형차로 사면 돼. 그렇지 않고 놀러다니는 데 쓰는 거면 불편해도 그냥 대중교통을 이용하는 거고. 그렇게 하지 않으면 절대 종잣돈은 안 모여."

슈퍼리치들은 이런 마인드이기 때문에 현금을 주로 쓰고 할부나 신용구매를 잘 하지 않는다.

반면에 슈퍼리치들은 투자를 하는 경우 빚을 활용한다. 사람에 따라 다르지만 두 가지 전제 조건이 따른다. 하나는 내가 감당할 수 있는 수준에서 빚을 얻는다. 즉 사업체를 모두 잃을 수도 있는 건곤일척의 승부를 위해 대출을 일으키는 경우는 여간해서는 없다. 또 하나는 '레버리지 효과'를 가져올 것이 확실할 때 빚을 얻는다.

"사업체를 운영하다 보면 시장이 급속도로 커지는 경우가 있지. 그때 현금이 모이길 기다리면 사업을 성장시킬 수가 없어. 예를 들어 내가 '듀폰'의 사업권을 가지고 한국에서 사업을 했어. 그게 소문이 나서 '구찌'가 사업권을 주겠다고 한다 치자고. 그런 경우 빚을 질 수 있는 거지. 단, 감당할 수 있는 범위를 잘 고려해야겠지. 사업의 장래성하고 말이야."

하지만 슈퍼리치들은 대출 이자에 대한 대책을 고려하고 빚을 얻는다. 원리는 이렇다. 대출받은 돈이 '투자'되어 그 이자만큼을 벌어들일 가능성이 있을 때 빚을 일으킨다는 말이다. 서민들이 집을 살 때 은행의 대출을 받지만 그 이자는 월급에서 충당한다. 이런 대출은 슈퍼리치의 방식이 아니다. 슈퍼리치는 은행의 대출을 받아 집을 샀다면 적어도 그 집을 월세로 돌려 매월 이자 이상이 창출되도록 한다. 이런 시스템으로 빚을 일으키면 일정 시점이 지나면 발생되는 수익만으로 이자와 원금을 다 갚고 어느새 빚으로 산 집이나 공장이나 권리가 내 자산이 된다. 슈퍼리치들이 선호하는 시스템이다. 이런 시스템을 아무나 하루아침에 만들 수 없다. 경험과 노하우가 쌓여서 어떤 대상을 보면 그런 시스템이 머릿속에 척 떠오를 정도는 되어야 한다. 그러나 그전에 소비를 위한 빚을 없애고 종잣돈을 모아야 한다는 대원칙이 필요하다.

한번은 류진만 사장님의 사무실에 갔다가 깜짝 놀란 적이 있다. 한쪽 벽에 "대출은 청산가리다"라는 문구가 붙어 있었기 때문이다. 적어도 슈퍼리치를 꿈꾸는 사람이라면 투자가 아닌 소비를 위해 일으키는 모든 빚을 '청산가리'라고 여길 정도의 독기는 있어야 한다.

돈은 모두 똑같다

슈퍼리치와 샐러리맨은 돈을 대하는 태도부터 차이가 난다.

가령 이런 경우를 생각해보자. 내가 고객과 점심을 먹고 자판기에서 커피를 대접하려 했는데 잔돈이 없었다. 그래서 고객에게 잔돈을 빌려 커피 두 잔을 뽑고 나니 50원이 남았다. 커피 한잔을 고객에게 건네주고 남은 50원을 돌려주려 할 때 슈퍼리치와 샐러리맨들의 반응은 확연히 다르다. 슈퍼리치는 너무나 자연스럽게 50원을 받아서 지갑에 넣는다. 슈퍼리치들일수록 동전지갑을 가지고 다니는 경우가 많다. 반면에 샐러리맨의 태도는 정말 이상하다. 뭐 이런 걸 돌려주냐는 표정이고, 나보다 나이 많은 고객들은 농담처럼 "용돈에 보태 써." 하며 받지 않는 경우도 많다.

처음엔 잘 느끼지 못했는데 슈퍼리치들을 자주 만날수록 그 차이가 도드라졌다. 아마도 어렸을 때 워낙 가난하게 살았기 때문에 1원 한 푼도 소중하게 여기는 습관이 몸에 배었나 보다 싶었다.

그런데 배승철 사장님은 그 해답을 아주 간단히 가르쳐주었다.

"돈에 무슨 차이가 있어? 돈은 다 똑같은 돈이야. 그게 1원이든 1억 원이든 내 돈은 내 돈이고 남의 돈은 남의 돈이지. 근데 왜 1억 원은 남이 빌려갔다가 안 주면 기를 쓰고 받으려고 법원까지 드나들면서 1원은 주든 말든 신경을 안 써? 그런 사람에게 돈이 붙겠어?"

그랬다. 슈퍼리치들에게 돈은 똑같은 돈이었다. 그들은 '작은 돈'이라는 라벨을 붙이지 않는다.

홍콩에서 '상신'으로 추앙받는 리자청은 "내 돈이라면 1달러를 떨어뜨려도 반드시 줍는다. 내 돈이 아니라면 누군가 1,000달러를 집 앞에 버려도 절대로 줍지 않는다."라는 1달러 철학을 가지고 있다. 그가 어느 날 골프를 치기 위해 골프장에 도착했다. 차에서 내리다 1달러짜리 동전을 떨어뜨렸는데, 그 동전이 그만 차 밑으로 들어가 버렸다. 리자청은 그 동전을 줍기 위해 허리를 굽히고 차 밑으로 손을 넣었지만 동전을 꺼낼 수 없었다. 그 모습을 본 종업원이 동전을 꺼내주자 리자청은 "자신의 돈은 1달러라도 소중히 해야 한다."라며 답례로 200달러를 주었다.

어마어마한 부자도 1달러를 아낀다는 점을 강조하기 위해 과장되어 전해지는 이야기일 수도 있겠지만 슈퍼리치들은 대부분 리자청과 비슷하다. 나를 위해 애쓴 사람에게는 후하게 돈을 지불할 준비가 되어 있지만, 이유 없이는 단돈 1달러도 버리지 않는다.

당연히 '공돈'이라는 개념도 없다. '내 돈'과 '남의 돈'의 차이가 있을 뿐이었다. 샐러리맨들은 13번째 월급이라는 연말정산 환급금을 '공돈'처럼 생각하는 경향이 있다. 남자들은 그 돈으로 술잔을 기울이고, 여자들은 평소 사고 싶었던 핸드백을 산다. 그러나 연말정산 환급금은 내 월급에서 세금으로 내야 할 돈보다 더 냈던

슈퍼리치의 습관을 정리하다

돈을 돌려받는 것일 뿐이다. 그런데도 마치 누군가가 공짜로 준 돈처럼 허투루 써버린다. 머릿속에서 연말정산 환급금에 '공돈'이라는 라벨을 붙였기 때문이다. 슈퍼리치들에게는 이런 경우가 없다. 돈은 모두 똑같은 거다.

그렇기 때문에 슈퍼리치들이 사업에 투자했다가 실패하면서 날린 1억 원은 연연하지 않지만 누군가에게 빌려준 100만 원은 악착같이 받아내는 모습이 이상하지 않다. 투자했다가 실패하면 그 돈은 손실로 날라간다. 누구에게서도 받을 수 없는 투자손실일 뿐이다. 분하지만 없어진 돈이다. 그러나 누군가에게 빌려준 100만 원은 여전히 '내 돈'이다. 그러니 그 돈을 받으려는 슈퍼리치에게 "왜 투자해서 날린 1억 원에는 신경도 안 쓰면서 푼돈 같은 100만 원에 그리 연연해하냐?"라는 질문은 이해할 수 없는 질문이다.

슈퍼리치들에게 돈은 모두 똑같다. 1원이든 100억이든.

남의 것도 아낀다

어느 날인가 정삼구 사장님과 점심으로 도가니탕을 먹었을 때였다. 나는 으레 도자기에 담긴 포기김치와 깍두기를 집게로 꺼내어

가위로 수북이 썰었다. 잠시 텔레비전을 보던 정삼구 사장님은 내가 잘라놓은 김치와 깍두기를 보더니 불같이 화를 냈다.

"뭐 하는 거야, 공 팀장. 이러면 벌 받아. 식사를 다 마쳤는데, 이렇게 접시에다 잔뜩 김치를 잘라놓으면 이건 모두 버릴 수밖에 없어."

그렇게 나무라고선 그때부터 국물 한 숟가락에 김치 두세 조각씩을 드셨다. 결국 썰어놓은 김치를 도가니 국물과 함께 다 먹고서야 그 집을 나올 수 있었다.

슈퍼리치들의 절약에는 내 것, 남의 것이 없다. 등산을 함께하든가 골프를 함께 치고 나서 함께 목욕탕에 가면 정말 거짓말처럼 똑같다. 일단 샤워기 물은 씻을 때만 틀고 꼭 잠근다. 머리를 감건 몸에 비누칠을 하건 샤워기를 틀어놓는 경우는 없다. 또 비누는 물에 불지 않게 비누통에 제대로 놓는다. 공용치약도 끝에서부터 짜서 쓰고, 수건은 딱 한 장씩만 쓴다. 선풍기는 몸을 말리고 반드시 끈다. 거의 똑같다.

슈퍼리치들은 내 것이기 때문에 절약하고 아끼는 게 아니었다. 그게 합리적이기 때문에 절약하는 거다. 그리고 절약이 완전히 몸에 습관이 되어서 누군가가 정말 아껴 쓴다고 말하기 전에는 자신이 아껴 쓰는지도 모른다.

절대 돈 자랑을 하지 않는다

2012년 5월경에 이런 해외토픽이 보도된 적이 있다. 시드니에서 할머니와 둘이 살던 열입곱 살 소녀가 침대에서 할머니의 돈을 세는 장면을 사진으로 찍어 페이스 북에 올렸다. 친구들이 엄청나게 열광할 것을 기대하고 그런 것이었는데 결과는 엉뚱했다. 7시간 뒤 소녀의 부모와 열네 살 된 동생이 살고 있는 또 다른 집으로 2인조 강도가 들이닥친 거였다. 페이스 북에서 봤으니 돈을 내놓으라는 것. 소녀가 같은 집에서 사는 게 아니란 걸 알아차리고는 약간의 현찰을 빼앗아 달아났다고 한다. 슈퍼리치들은 본능적으로 이런 일이 일어날 수 있다는 것을 안다. 그래서 절대 자신의 부를 자랑하지 않는다.

　우연히 김희택 회장님과 횟집에서 소주를 한잔 하고 있을 때, 횟집 주인이 변호사 한 분을 소개해주셨다. 내가 PB센터에서 VVIP를 담당한다는 것을 알았기 때문에 호의로 고객을 소개해주려 한 모양이었다. 문제는 김희택 회장님의 옷차림이 너무 수수하셔서 주인과 그 변호사가 과도하게 돈 자랑을 했다는 거였다. 역시 대한민국에서는 '사'자 들어가는 직업이 안정적이다부터 시작해서 변호사는 정년이 없다, 아무리 못 벌어도 연봉은 3억 원 이상이다, 조금만 잘하면 6~7억 원은 예사다 등등 자랑에 끝이 없었다. 거기까지는 그래도 들을 만했는데 조용히 앉아 있는 김 회장님이 초라하게 보였는지, 이런 말까지 서슴지 않았다.

"영감님, 금융권에서 은퇴하신 모양이신데, 은퇴하면 끈 떨어진 갓 신세야. 점심 약속이나 술 약속 하는 거에도 벌벌 떨게 된다고, 안 그래요?"

내가 당황해서 김 회장님을 소개하려고 머뭇거리자 김 회장님은 눈짓을 하며 내버려두라고 했다. 김 회장님은 변호사가 자리를 뜨자 주인과 내게 다음과 같은 말을 들려주었다.

"내가 가진 돈은 대기업 회장들에 비하면 껌 값도 안 돼. 돈 많은 걸 자랑하기 시작하면 나보다 돈 없는 사람 앞에서는 기고만장하고 나보다 돈 많은 사람 앞에 가면 의기소침해진단 말이야. 돈은 귀한 수단으로 생각해야 하는 거야. 돈 많다고 자꾸 자랑하면 찾아오는 건 빚쟁이와 강도밖에 없다고. 그래서 옛날 동양에서는 내가 가진 돈의 5분의 1만 내 돈이라고 생각했다고 그래. 돈이 많으면 일가친척이 달라붙으니 그 몫이 하나 있고, 또 강도나 사기꾼이 달라붙으니 그 몫 역시 내 것이 아니라는 거지. 살다 보면 몸이 아플 때가 있으니 그 몫도 내 것이 아니고, 또 세금도 내야 하고 말이지. 가만히 있어도 5분의 4를 떼어가는 마당에 자랑하고 떠들어대면 남는 돈이 있겠나? 하하하."

　PB센터에 오시는 슈퍼리치들의 복장을 잘 보면 남자들은 대부분 수수하다. 자연스러운 걸 좋아하기 때문에 아웃도어 복장이나 점퍼 차림으로 다니는 경우도 많다. 그래서 간혹 자기 건물 마당에서 풀을 뽑고 있으면 일하는 인부 취급을 받는 경우도 빈번하다. 대신 자동차는 '안전'과 관계되어 있기도 하고 대부분 회사 명의나 사업체 명의로 뽑는 것이라 대형세단인 경우가 많다. 허름한 아웃도어 복장에 대형세단을 몰고 다니면 슈퍼리치일 가능성이 높다. 반면에 여성 슈퍼리치는 아주 사치하지는 않아도 때와 장소에 맞춰 아주 고가의 명품 핸드백과 비싼 브랜드의 옷차림을 하는 경우도 있다. 하지만 어느 쪽도 과하지 않다는 건 분명하다.

돈 버는 일을 사랑한다

샐러리맨들에게 왜 돈을 많이 벌고 싶으냐 물어보면 대부분 쓰기 위해서라고 답한다. "BMW 7시리즈 한 대 뽑아야지요." "매일 최고의 음식점을 다니며 산해진미를 맛보고 싶어요." "지미추 신발을 200켤레 살 거예요." 등등. 그리고 약간 나이가 있는 장년층은

"바다가 보이는 별장을 장만하고 싶다." "복층형 빌라로 이사 가고 싶다." 이런 대답을 한다.

슈퍼리치들은 어떨까? 돈을 흥청망청 쓰고 싶어 돈을 번 사람은 없다. 앞에서도 설명했든 그런 사람에게는 돈이 모이지 않는다.

"정말 내가 하고 싶은 일을 하면 배가 고픈 줄도, 피곤한 줄도 모르고 일할 수 있습니다. 다른 고통과 걱정은 별로 중요하지 않게 돼요."

인테리어 소품업체 박승열 사장님의 말이다. 마치 전국 수석을 차지한 우등생이 '수업시간에 집중하는 것이 비결'이라고 답하는 것과 비슷하게 맥 빠지는 말이지만 내가 만난 대부분의 슈퍼리치들도 동일하게 이야기한다.

"리스크는 크지만 한 살이라도 젊을 때 스스로 삶을 개척할 수 있도록 준비해야지."

완구사업으로 성공한 김정호 사장님의 이야기다.

"아무도 내 인생을 책임져 줄 수는 없어. 사람은 다 자기 중심적으로 생각하는 거니까. 나도 다니던 회사에서 그렇게 급작스럽게 내쳐질 줄은 몰랐거든. 그러고 나서 원망해봐야 무슨 소용 있어."

그의 말에 따르면 샐러리맨은 저울추가 항상 자기 쪽에 넘어와 있어야만 회사와 지속적으로 갈 수 있다고 한다.

"저울을 생각하면 돼. 내가 일을 잘해서 회사에 꼭 필요한 사람이면 저울추가 나한테 있는 거야. 그때는 내가 없으면 회사가 망할 것 같아. 회사에서도 넌 절대로 어디 가면 안 된다고 이야기를 하지. 뭐든 다 해줄 것 같아. 그러다 한 살 두 살 나이를 먹으면 점점 샐러리맨의 마음속에 이 회사를 떠나면 아무것도 못할 것 같다는 두려움이 찾아와. 그때는 무게추가 회사로 넘어간 거지. 비루먹은 강아지처럼 회사에서 내쳐질까봐 상사에게 아양도 떨어야 하고 불황이 닥친다는 기사에 가슴을 쓸어내려야 하는 신세가 되는 거지. 좀 잔인한 말이지만 회사는 그렇게 무게추가 회사 쪽으로 기울었다는 걸 아주 금방 깨달아. 그때가 명예퇴직 당하는 때인 거지."

김정호 사장님이 소주 한 잔 기울이고 내게 단도직입적으로 물었다.

"공 팀장, 공 팀장이 카드 2만 4,000장을 팔고 보험 계약 2,000천 건을 한 전설의 주인공이지?"

"예, 그랬죠. 그래서 PB 팀장으로 발령 난 거고요."

김 사장의 말은 계속 이어졌다.

"자네 이전에 그런 활약을 펼친 선배는 없었나? 있었을 거야. 그들 중 상당수가 명예퇴직의 길을 밟았을 거고. 명예퇴직 후에 그런 뛰어난 마케팅 실력을 펼칠 일을 만나지 못하고 음식점이나 차렸을 거고. 안 그런가?"

그 질문은 내 심장을 후벼 팠다. 김 사장님의 말은 틀린 게 하나도 없었다.

"샐러리맨은 주인의식을 가지고 내가 사장이라는 마인드로 일해야 한다네. 이건 뭐 백번 말해도 지나침이 없지. 하지만 그와 동시에 아무리 주변에서 추켜세우고 칭찬을 해도 자신이 종업원이라는 사실을 잊어선 안 돼. 자네가 샐러리맨으로 일하는 동인에는 회사가 자네의 운명을 결정한다는 사실도 잊어선 안 되고 말이지."

반쯤 남은 소주를 마시며 김 사장님이 말했다.

"아마 자기 사업을 시작한 사람들은 대부분 자기가 사랑하는 일을 평생하고 싶어서일 거야. 그래서 그들은 회사 쪽으로 무게 추가 기울기 전에 최선을 다해 자신의 사업을 열었고, 거기서 승부를 걸어 일어섰던 거지. 그 결과 평생 하고 싶은 일을 하며 사는 것이고."

그 말을 들었을 때 35년 분재 외길을 걸은 김재경 사장님이 생각났다. 그분은 청와대 정원사 출신이지만 평생 분재를 하며 살고 싶다는 소망으로 자기 길을 개척했다. 위험도 많았고 힘든 일도 많았지만 그는 평생 자신의 일을 하고 싶어 꿋꿋하게 외길을 걸었고, 그 노력이 빛을 발해 분재 박물관과 가지치기 기술대학을 운영하며 수십억대 분재를 수천 점 보유한 슈퍼리치가 되었다. 슈퍼리치들은 자신의 일을 사랑한다. 그래서 슈퍼리치가 되었다.

슈퍼리치의 인맥관리 습관

사람은 만나되 물건은 안 판다

조태규 사장이 들려준 말이다. 초보 영업자들이 물건을 못 파는 이유는 조급해서란다.

"초보 영업자들은 일단 눈빛이 흔들려. 그 눈빛을 보는 순간 상대방은 불안해진단 말이야. 팔고 싶어 안달하는 눈빛과 목소리에는 저절로 완전 방어체계가 작동하는 거지. 그래 가지곤 절대 못 팔아."

조 사장이 혀를 끌끌 차며 말을 이었다.

"그럴 바에야 뭐하러 비싼 교통비 주고 찾아가서 샘플이나 사은품까지 떠맡기며 판촉을 하냐고. 그냥 텔레마케팅을 하는 게 낫지."

그럼 어떻게 해야 하느냐는 내 질문에 조 사장의 대답은 청산유수다.

"물건을 팔아주고 싶어서 안달이 나게끔 해야지. 그게 최상이야. 일단 최고의 영업자들은 상대방에게 영업한다는 느낌을 전혀 안 줘. 마치 오래된 친구처럼 격의 없이 이야기를 나눈단 말이야. 한번 자세히 살펴봐. 정말 베테랑은 아주 자연스럽게 마주 앉아서 아주 자연스러운 주제로 이런저런 이야기를 건네. 그러고는 상대방 이야기를 들어주지. 처음에는 이것저것 말을 건네지만 그 이후로는 상대가 죽 말하게 해. 거의 카운셀링해주는 듯하게. 그러면 어떤 일이 일어나는지 알아?"

"..........?"

"바빠서 10분 정도만 앉아 있겠다는 사람이 1시간이 넘도록 이야기한단 말이야. 안 갈려고 그래. 잠깐씩 시간을 환기시켜줘도 조금만 더 조금만 더 하며 앉아 있지. 그럴 때 베테랑들은 조급해하지 않아. 바로 물건 안 꺼내고 그냥 간다고. 뭔가를 팔 시도조차 안 해. 명함하고 사은품 몇 개 챙겨서 주고 말아. 대신 얼마 있다가 한두 번 더 만나지. 그렇게 세 번쯤 만나면 그 상품은 어떤 거냐고 상대가 물어와. 그때 상세하게 설명해주면 그 사람이 자진해서 물건을 팔아준단 말이야. 이건 B2B건 B2C건 똑같아."

　슈퍼리치들은 대부분 자기사업을 통해 부를 일군 사람들이고, 그래서 탁월한 영업맨들이 많다. 조태규 사장도 20대부터 장사를 해온 베테랑 영업맨이다. 사람들의 심리가 어떻게 변해가는지 손금 보듯 잘 알고 있다. 조 사장을 비롯한 슈퍼리치들은 장사란 물건이나 서비스를 파는 게 아니라 '신용'을 파는 것이라는 말을 많이 한다.

　"40만 원짜리 건강음료를 사든, 수억 원짜리 반도체 검사장비를 사든, 결국 그것을 파는 사람을 얼마나 신뢰할 수 있느냐가 관건입니다. 근데 만난 지 5분 만에 카탈로그를 들이밀면 될 일도 안 돼요. 좀 시간이 걸리더라도 에둘러가며 사람을 사귀는 게 좀 느린 것 같지만 가장 빠른 길이에요. 그리고 그게 얼마나 재미있는데요."

　슈퍼리치들은 사람을 만나 그 사람의 이야기를 듣고 뭔가 하나라도 건지는 것을 매우 즐기는 편이다. 그렇기에 똑같이 물건을 팔아도 서두르지 않고 충분히 이야기를 나눌 수 있는 거다.

　슈퍼리치들은 사람을 만나되 섣불리 물건을 팔지 않는다. 신용을 심어줄 뿐이다.

연결을 통해 고객을 얻는다

슈퍼리치들은 뛰어난 중매쟁이다. 그들 대부분은 어떤 사람을 만나면 그 사람을 속속들이 잘 기억하고 있다. 예를 들면 이런 식이다.

"공 팀장, 지난번에 회사 사보를 제작했다고 그랬지? 그때 그 사보 참 맘에 들더라. 내가 아는 사람이 사보 디자인할 사람을 찾는데 업체 좀 소개해줄래요?"

성격이 화끈한 영화 소품업체 장희영 사모님은 이런 전화를 종종 한다. 꼭 나뿐만 아니라 누구에게나 그런 전화를 한다.

"건축설계사? 지난번에 박 사장님네가 건물을 지었는데 정말 멋있더라. 그 사모님께 여쭤보고 알려줄게. 조금만 기다려."

이런 전화가 하루에도 몇 통씩 이어질 정도다. 장희영 사모님뿐만 아니라 슈퍼리치들은 이런 연결을 무척 좋아하고 잘한다.

사람과 사람을 연결하는 일이 듣기에는 쉬워 보여도 대단한 능력이 필요하다. 사람을 만날 때마다 그 사람과의 대화를 통해 잘하는 일, 인맥, 탁월함의 정도 등을 일목요연하게 정리해서 머릿속에 정확히 입력해놓아야 할 뿐만 아니라, 그런 정보를 아주 적절한 시점에서 기억해내야 하기 때문이다.

슈퍼리치들이 연결을 주선하면 의뢰한 쪽에서는 믿을 만한 상품이나 서비스를 저렴한 가격에 얻을 수 있고, 의뢰받은 업체에서는 매상을 올릴 수 있어 윈윈이다. 슈퍼리치는 서로를 연결시켜주면서 양쪽 모두를 본인의 잠재적인 고객으로 만들어놓는 것이다. 이들은 때로는 맹렬한 입소문 메이커로도 활동하고 때로는 고객을 주선하는 브로커의 역할도 마다하지 않는다.

슈퍼리치들은 사람과 사람을 연결해줌으로써 신뢰와 호감을 쌓아간다. 이것이 슈퍼리치의 인맥관리 시크릿이다.

정말 잘 듣고, 사람을 가려 돕는다

슈퍼리치들은 '경청'이 몸에 밴 사람들이다. 남의 말을 잘 들어야 성공한다는 말을 의식하며 듣는 수준이 아니다. 정말 재미있어하며 상대방의 이야기를 듣는다. 그럴 수밖에 없는 게 그들은 경청하면서 배운다.

한국의 대표적인 가치투자자 강방천 씨는 회사의 펀드매니저와 이야기를 나누다가 "아내가 학원의 수학강사인데 메가스터디 교재를 사용한다."라는 말을 듣고 2002년 당시 상장도 되기 전의 메가스터디 주식에 주목할 수 있었다고 한다. 보통 학원 강사들은 교재를 직접 만들어서 쓰는데, 교재를 사서 쓴다는 건 메가스터디 교재가 훌륭하다는 이야기라는 것이다. 슈퍼리치들도 사람들이 건네는 말을 알아채서 요긴하게 써먹는다.

그들이 다른 사람의 이야기를 경청하는 방법은 정말 배울 만하다. 말하는 사람이 흥이 날 정도로 추임새를 아주 잘 활용한다. 인간관계의 기본은 '타인의 존엄성'을 인정해주는 것이라는 말이 있다. 슈퍼리치에게 이야기를 들려주는 사람은 자신의 말이 매우 큰 가치가 있고, 그것에 상대방이 엄청나게 큰 관심이 있다고 느끼게 된다.

슈퍼리치들이 이야기를 잘 듣는 것은 한편으로 그들을 도와주기 위해서다. 강기동 사장님은 부동산 거래를 하면서 건설업자, 배관업자, 미장이 등등 많은 사람들을 만난다. 그들을 만날 때마다 꼼꼼하게 그 사람들이 하는 이야기를 들어두었다가 그중에서 신뢰할 만한 사람에게 여러 일거리를 가져다준다. 그렇게 일감을 많이 얻어 일어선 업체들도 많다.

철강업으로 유명한 앤드루 카네기는 많은 기업가를 양성했다. 평범한 일용직 근로자로 시작해 카네기의 도움으로 큰 재산을 모은 사람들이 꽤 많다. 그때 카네기가 도움을 줬던 사람들의 기준은 '신뢰할 만한 사람인가?'였다. U.S.철강의 사장이 된 찰스 슈워브가 그 대표적인 예다. 슈퍼리치들은 카네기처럼 신뢰가 가고 성실하게 일할 준비가 된 사람들을 도울 준비가 되어 있다. 그리고 그런 경청을 통해 인물을 가려낸다.

쪼들릴 땐 허세를 부리고 잘나갈 땐 겸손하다

실패를 겪어본 배승철 사장님이나 류진만 사장님, 그리고 회사에서 어이없게 잘린 김정호 사장님이 공통적으로 들려주는 이야기가 있다.

"쪼들릴 때일수록 허세를 부려야 해. 돈을 뿌리고 다니라는 이야기가 아니라 쪼들릴 때일수록 굽실거리지 말라는 거지. 어깨와 가슴을 펴고 더 당당하게 대해야 한다는 거야. 그러면 사람들이 저 사람 당당하다, 패기 있다 그렇게 인정해줘. 쪼들릴 때 어깨 늘어뜨리고 움츠러들면 사람들이 불쌍하다고 동정은 하지만 거기서 비즈니스는 끝이야. 누가 동정받을 만한 사람하고 비즈니스를 해? 은행에서도 그렇게 패기 없는 사람에게는 불쌍하다고 돈도 안 빌려줘. 공 팀장, 안 그래?"

맞다. 예전에 남강 이승훈 선생에 관한 이야기를 들은 적이 있다. 이승훈 선생은 젊은 시절 보부상으로 돈을 벌었다. 다른 보부상보다 늦게 합류한 그가 물건을 팔 방법은 더 멀리까지 걸어가는 방법밖에 없었다. 특유의 성실함으로 마침내 종잣돈을 모으고, 여기저기서 그의 성실함을 믿은 전주들에게서 돈을 빌려 유기공장을 차렸다. 그런데 공장을 다 지어 본격적으로 영업을 시작하려는 때에 운명의 장난처럼 청일전쟁이 일어났다. 전쟁통에 공장은 모두 불타버리고 이승훈 선생이 빌린 돈은 모두 빚으로 남게 되었다. 평생 일해도 못 갚을 것 같은 엄청난 돈이었다. 보통사람 같으면 야반도주를 해서 모면함 직한 상황에서 이승훈 선생은 전주들을 찾아가 당당하게 이야기한다.

"내가 몰래 도망하지 않고 여러분께 온 것은 당당하게 살고자 함입니다. 여러분께서 나를 감옥에 넣으면 내 인생과 여러분의 돈이 함께 사라집니다. 하지만 이왕지사 내 성실함을 믿은 김에 한 번 더 투자해주시면 내 피땀을 바쳐 기업을 일으켜 세워 빚을 반드시 갚아내겠소."

전주들은 그 당당함에 감복하여 다시 돈을 빌려주었고, 이승훈 선생은 약속대로 기업을 일으켜 몇 년 안에 그 빚을 갚을 수 있었다고 한다.

사업을 하다 보면 잘될 때도 있고 어려울 때도 있다. 어려울 때 중요한 건 자신에 대한 믿음을 잃지 않는 것이고, 기가 꺾이지 않아야 한다는 거다. 그래서 슈퍼리치들은 잘 안될 때일수록 목소리도 크게 하고 너스레도 더 떤다.

　"당연히 잘나갈 때 겸손해야지. 잘나가다고 목에 힘만 주고 사람들을 업신여기면 뒤에서 욕해. 여러 사람에게 비난을 듣는 거지. 생각해봐. 만나는 사람마다 뒤에서 내 욕을 하는데 잘될 수 있겠어? 낭연히 사업이 안뇌지. 학교 나닐 때 배웠년 '구시가'와 '해가' 기억나나? 여러 사람이 모여 지팡이로 바닥을 두드리며 바다 귀신에게 수로 부인을 내놓으라는 노래 말이야. 사람들이 함께 주문을 외우면 어쩔 수 없이 잡아갔던 수로 부인을 내놓아야 한다는 거지. 그 오래된 노래에 진실이 있는 거야. 마찬가지로 여러 사람이 나를 욕하며 안되기를 바라는데 그 사람이 어떻게 쭉쭉 뻗어갈 수 있겠어. 그래서 잘된 사람일수록 겸손해야 하는 거야. 어려운 사람도 도우면서. 물론 티 내지 말고."

　그래서일까. 슈퍼리치들은 세상에 자신의 이름이나 얼굴이 노출되는 것을 무척 싫어한다. 주변 사람들도 그냥 조금 돈이 많구나 정도로 생각하지 몇백억, 몇천억 원대 부자라고 생각하지 않게 대한다.

"사람은 질투 때문에 어떻게든 나보다 잘사는 사람, 나보다 잘난 사람을 욕하게끔 되어 있어. 공연히 그런 욕 먹고 살 필요 없지. 돈 자랑 할 생각 없으니 티 낼 필요도 없고."

슈퍼리치들이 사람을 대하는 모습을 지켜보면, 어느 날 갑자기 벼락부자가 된 사람이 아니라 천천히 내공을 쌓아온 사람들만이 가질 수 있는 진지함이 엿보인다. 그들은 자신이 슈퍼리치가 된 비결을 들려주면서도 끝에는 늘 "운이 좋았다."라는 말을 잊지 않는다. 그 말 속에 슈퍼리치 특유의 '긍정성'과 오만하지 않겠다는 '겸손의 자세'가 담겨 있는 듯하다.